Além da Fonte, Livro 1:

Comunicações com os Cocriadores

por
Guy Steven Needler

Tradução: Marcello Borges

© 2012 por Guy Steven Needler
Primeira publicação por Ozark Mountain Publishing, Inc. – 2012
Tradução para Português - 2025

Todos os direitos reservados. Nenhuma parte deste livro, em parte ou no todo, pode ser reproduzida, transmitida ou utilizada por qualquer forma ou por qualquer meio, eletrônico, fotográfico ou mecânico, incluindo fotocópia, gravação ou qualquer sistema de armazenamento e recuperação de informações, sem autorização prévia por escrito da editora Ozark Mountain Publishing, exceto no caso de breves citações incluídas em resenhas e artigos literários.

Para permissão, serialização, condensação, adaptações ou para nosso catálogo com outras publicações, escreva para Ozark Mountain Publishing, Inc., P.O. Box 754, Huntsville, AR 72740-0754, EUA, Attn.: Permissions Department.

Dados de Catalogação na Fonte da Biblioteca do Congresso
Needler, Guy Steven, 1961-
Além da Fonte – Livro 1; Comunicações com os Cocriadores, por Guy Steven Needler
    Diálogos através de meditação com os seis primeiros dos doze Cocriadores que operam a partir de nossa própria Entidade Fonte.

1. Entidades Fontes 2. Cocriadores 3. Origem 4. Metafísica
I. Needler, Guy, 1961- II. Cocriadores III. Metafísica IV. Título
ISBN: 978-1-962858-62-5

Arte e Layout da Capa: www.noir33.com & Travis Garrison
Tipografia: Times New Roman
Design do livro: Nancy Vernon
Tradução: Marcello Borges

Publicado por:

WWW.OZARKMT.COM
Impresso nos Estados Unidos da América

Sumário

Introdução—A Origem cria doze Entidades Fontes — i

Capítulo 1: Entidade Fonte Um—O mestre de nosso Multiverso — 1

Capítulo 2: Entidade Fonte Dois — 34

Capítulo 3: Entidade Fonte Três — 68

Capítulo 4: Entidade Fonte Quatro — 103

Capítulo 5: Entidade Fonte Cinco — 143

Capítulo 6: Entidade Fonte Seis — 182

Posfácio — 217

Glossário — 219

Sobre o Autor — 221

Introdução
A Origem cria doze Entidades Fontes

Se você leu A história de Deus: Uma história do começo de tudo, que deu ao leitor uma visão de como iniciei minhas comunicações de nível superior e consegui me comunicar com entidades espirituais/energéticas enquanto compreendia as maravilhas que existem à nossa volta e a verdade sobre nossas lendas e mitos, então você se lembrará de que a Origem havia criado doze Entidades Fontes. A primeira que foi tratada com poucos detalhes no livro acima foi nossa própria Entidade Fonte (SE, da abreviatura em inglês), a quem chamamos de Deus, o ser que criou nosso universo. Na verdade, é a Origem que deveria ser considerada Deus, pois criou as Entidades Fontes, mas creio que a Origem está bem além da necessidade de uma nomenclatura primitiva, que só é necessária para nós, humanos, em nosso baixo nível de existência consciente presa ao físico.

    Foi durante os incontáveis dias editando e compilando os textos canalizados para o livro citado acima que percebi que, para manter os registros corretos, eu precisaria estabelecer comunicações com cada uma dessas outras entidades, uma de cada vez, para ter uma noção básica dos detalhes do trabalho que realizaram em seus próprios ambientes, que, como eu esperava, seriam distintos uns dos outros.

    Como resultado do nível de diferença potencial, senti certa apreensão. Por exemplo, será que eu conseguiria compreender aquilo que estava sendo canalizado por meu intermédio? E estaria num formato que poderia ser compreendido por aqueles que desejam adquirir conhecimentos que talvez estivessem muito além de nossas mentes? Depois de refletir, decidi que já tinha estado "aqui" antes e não deveria tentar predizer o que viria.

    Mais uma vez, bem-vindo!

Além da Fonte, Livro 1

Capítulo 1
Entidade Fonte Um—
O mestre de nosso multiverso

[Para aqueles que não leram A história de Deus: Uma história do começo de tudo, SE é Entidade Fonte e EU é Guy Needler, o autor deste livro.]

SE: Bem, você fez uma entrada meio triunfal na primeira página.
EU: Eu não a chamaria de entrada triunfal, foi mais um preâmbulo, um "aquecimento da plateia" para A forma das coisas que virão.
SE: Pode citar H.G. Wells, se quiser, mas precisamos entrar no assunto e fazer seus leitores saberem o que está acontecendo nas amplas áreas da Origem, o que minhas colegas estão fazendo e o que estão conseguindo, e não escrevendo ficção científica. Por outro lado, o que você está prestes a experimentar nos próximos meses de comunicação poderá levá-lo a pensar que estamos falando de algo parecido.

Uma coisa é certa: não é uma tarefa a ser realizada de forma irresponsável. Na verdade, é algo com que você VAI ter dificuldade, especificamente com os conceitos que algumas Entidades Fontes apresentarão a você. Foi pensando nessa dificuldade que lhe ofereço esta oportunidade de ajudar. Antes de entrarmos no velho território da minha criação, parte da qual, sem dúvida, você vai recortar e colar de outros textos e parte serão novas informações, sugiro que eu aja como seu guia, mentor e principal referência quando você estabelecer contato e, em última análise, comunicar-se com as outras Entidades Fontes, especialmente porque vai precisar encontrá-las em seus próprios ambientes. Portanto, serei seu passaporte para os outros ambientes de Fonte enquanto transmitimos este livro.
EU: Por que vou precisar da sua ajuda—não que eu a esteja recusando? Posso me comunicar com a Origem por mim mesmo, e por que não me comunicaria com elas?

SE: Elas não são tão capazes de compreender as entidades criadas fora de seus ambientes quanto a Origem e eu. A Origem é a fonte de tudo; eu sou sua Fonte e de seu ambiente, e por isso nós não temos problemas para nos sintonizarmos com suas frequências e seu nível de comunicação no plano físico. Algumas das Fontes não chegam sequer a dez níveis de frequência acima de você—para não falar de descer até seu próprio nível—e por isso podem ter problemas para se comunicarem diretamente com você, daí a minha insistência em oferecer ajuda neste ponto.

EU: *Obrigado. Agora, entendi. Sinto-me empolgado em conhecer essas outras Entidades Fontes.*

SE: E deveria mesmo, pois você irá aonde nenhum homem jamais esteve.

EU: *Ninguém!*

SE: Como?

EU: *Ninguém, o texto introdutório de Gene Roddenberry foi alterado para ficar NINGUÉM e não NENHUM HOMEM.*

SE: Primeiro, isto não é hora para piadas sobre Jornada nas Estrelas. Segundo, você não é NINGUÉM. Atualmente, você é um homem, e até hoje NENHUM HOMEM fez o que você está prestes a fazer.

EU: *Você me pegou.*

SE: Agora, vamos em frente. Vamos direto ao ponto.

A Entidade Fonte conscientiza-se de si mesma e de seu ambiente

EU: *Creio que aqui vamos copiar um pouco do primeiro livro, não?*

SE: Só onde for relevante. Haverá alguma correlação, mas não se esqueça que no primeiro conjunto de diálogos eu estava falando daquilo que nós (as doze Entidades Fontes) estávamos fazendo coletivamente e não individualmente. Não há motivo para percorrer um território já trilhado, como, por exemplo, a forma como desenvolvi o lado físico da raça humana, pois isso não teria muito valor em termos de tempo de leitura e espaço de texto. No entanto, vou reiterar o que for essencial e que, portanto, precisa ser mais detalhado.

EU: Muito bem, vamos começar do começo e lidar com os "detalhes" à medida que for necessário. O que aconteceu no início de sua existência?

SE: No início, foi como se eu fizesse parte da Origem mas ainda fosse a Origem—não como sou agora. Foi como se eu fosse um pensamento do que estava acontecendo na consciência da Origem—um pensamento que recebeu substância, tempo para existir, espaço individual para me mover, mas ainda assim, um pensamento. Eu sabia que era a Origem e que era separado da Origem, tudo ao mesmo tempo. Era como se a minha percepção individual fosse uma lembrança na frente da mente por um instante e depois sumisse, reaparecendo mais tarde quando ela recebe atenção suficiente ou quando você não está se esforçando muito para se lembrar. É como esses momentos em que você se recorda de algo que fica pouco tempo na mente e depois se perde, fazendo com que você se esforce para recuperar essa lembrança. Foi esta atenção reforçada com relação à percepção fugaz que perdi e que depois deu origem à capacidade de manter o nível de percepção por tempo suficiente para trazê-lo de volta à consciência novamente. No começo, foi difícil, e não tenho dúvida de que muitos milênios se passaram antes que eu atingisse uma consciência plenamente independente.

EU: Então, qual teria sido o momento que definiu sua consciência? Quando você percebeu que era individual mesmo, mas ainda parte de uma entidade maior, a Origem?

SE: Na verdade, não foi bem um momento de definição, foi mais uma conversa de definição.

EU: Uma conversa? Quer dizer que a Origem lhe disse que você era uma entidade individual?

SE: Em resumo, sim. Todas nós éramos, mas esta conversa só aconteceu quando cada uma de nós havia atingido um nível crítico de percepção e, portanto, de consciência. Como eu disse no primeiro diálogo que tivemos, uma de nós ainda está nesse estágio de "aurora" da percepção. Você vai experimentar isso quando for preciso entrar no ambiente dela.

Veja, a Origem estava observando o nosso desenvolvimento o tempo todo, e escolheu o momento para comunicação e educação que sabia que seria o mais eficaz.

EU: A Origem também os educou?

SE: Só me explicou porque fui criada e quais são as regras da existência. Eu passei algumas delas para todos vocês, pois são relevantes para todas as entidades que são "da Origem".

EU: Vamos voltar até aquele momento que definiu a consciência.

SE: Esse momento deu-se antes da Origem me dizer porque fui criada. Eu tinha notado que percebia meu próprio "eu" de maneira quase contínua e podia me lembrar de manter-me consciente. Eu também podia me lembrar do que tinha feito antes, embora ainda não tivesse entendido que poderia ter acesso a aquilo que faria em seguida. Em suma, só conhecia o passado e o presente; não tinha acesso ao futuro. De certo modo, eu era como você em seu atual estado encarnado. Outro momento de definição antes de a Origem entrar em contato comigo foi o reconhecimento das outras entidades, onze delas, todas num nível de percepção consciente similar ao meu. Naturalmente, algumas eram mais conscientes, outras menos conscientes, mas na média éramos muito semelhantes. O ponto decisivo aqui foi a capacidade de nos comunicarmos com as outras Entidades Fontes, o que, para todos os efeitos, simplesmente aconteceu.

EU: Como?! Vocês desenvolveram uma linguagem comum ao mesmo tempo?

SE: Não, não. Entramos em contato umas com os outras de forma energética—cada uma de nós compreendeu a outra sem a necessidade de aprender uma língua. Mais tarde, soube através da Origem que a comunicação energética básica era uma das coisas que nos foi dada durante nossa criação. Este meio de comunicação baseou-se no processo mental da Origem.

EU: E o que a Origem lhe disse?

SE: Primeiro, a Origem falou com cada uma de nós individualmente, não ao mesmo tempo, pois nem todas estávamos prontas para receber orientação sobre nossos papéis. Segundo, cada uma de nós teve de ter uma percepção e uma consciência firmemente estabelecidas para poder perceber e compreender que fazíamos parte de uma entidade maior—muito maior—e que éramos partes desta entidade muito maior que tinha recebido a individualidade.

EU: Como você compreendeu que fazia parte da Origem?

SE: Simplesmente percebendo que eu podia ouvir os pensamentos da Origem. Esses pensamentos eram os pensamentos de uma entidade em profunda contemplação.

EU: Não foi preciso viajar até o limite das fronteiras da Origem?

SE: A origem não tem fronteiras como vocês as conhecem, e por isso não eu teria uma evidência de que era um componente da Origem. Depois de determinar que os pensamentos não vinham dos outros—as outras onze Entidades Fontes—cheguei à conclusão de que eu deveria fazer parte de algo maior. Busquei a comunicação com a Origem e ela respondeu. Desse momento em diante, mantive comunicação constante com a Origem, aprendendo as razões de minha existência e a tarefa que eu precisava realizar para explorar a mim e a Origem, melhorando minha percepção—noutras palavras, evoluir.

EU: Você teve opções quanto à tarefa que tinha pela frente?

SE: Não havia opções, pois a tarefa era a própria razão de minha existência.

EU: Você teria regras a seguir?

SE: Nenhuma.

EU: E de que tempo dispunha para isso?

SE: Nenhum.

A única missão era explorar, aprender, ficar mais consciente e evoluir. Se eu fizesse isso, a Origem disse que ela também iria evoluir, e faria isto experimentando tudo que eu experimentava ao mesmo tempo em que eu experimentava. Ela disse que estava fazendo isso muitas vezes, todas ao mesmo tempo, pois a sede de expansão de sua própria autopercepção era insaciável.

EU: E ela ainda está fazendo isso?

SE: Sim, ainda está fazendo isso agora, depois de muitos e muitos bilhões de anos. Esta é a única maneira de lhe transmitir a atenção que ela tem dedicado ao tema de se conhecer melhor, tornar-se mais consciente e evoluir.

EU: Vamos voltar à questão da sua percepção. Faço uma analogia da percepção do ponto de vista da criança, como a que fui antes.

SE: Como você foi muitas vezes.

EU: Sim, mas nunca percebi que estava consciente de mim até isto acontecer—tenho de me esforçar para lembrar quando isto aconteceu—em algum momento antes da adolescência. E isto só aconteceu porque eu era ridicularizado na escola por ter ideias tão diferentes, ideias que, como percebo agora, manifestaram-se por causa de minha capacidade de entrar em contato com frequências superiores e, portanto, a realidade maior—o que agora me permite comunicar-me com você, com a Origem e com outras entidades, como Byron.

Quando eu era criança, era apenas eu. Eu não tinha uma noção real da consciência individual. Fazia apenas o que as outras crianças faziam, mas sem uma percepção de mim mesmo, embora estivesse consciente de que era um pouco diferente, à parte dos outros. Era uma sensação um tanto estranha, pois sempre senti que fazia parte de alguma coisa importante. Como resultado disto, sempre achei difícil me sentir como "parte da turma", digamos, e eles me consideravam um pouco estranho.

Então, você percebeu que você era você pouco antes de a Origem comunicar-se com você e um pouco depois do momento em que percebeu que havia outras onze?

SE: Sim, percebi que eu era capaz de experimentar coisas diferentes mudando minha localização. Por localização, não me refiro a algo espacial, como você está pensando, mas tanto dimensional quanto frequencial. Quando me desloquei para "localizações" diferentes, experimentei coisas diferentes em minhas energias, meu "eu". Eram predominantemente sensações em muitos níveis—muito mais níveis do que você poderia imaginar. Foi durante um desses momentos de experimentação com sensações que percebi que meu "eu" era algo individual. Fiquei plenamente consciente de causa e efeito. Se eu fizesse alguma coisa, aconteceria outra coisa. Se fizesse algo diferente, era recompensado com um efeito diferente.

A percepção de si mesmo é o marco mais importante da estrada para a evolução de qualquer entidade. Além disso, a percepção da percepção é o marco da estrada para a evolução da entidade no qual o véu da ilusão é levantado para revelar a verdadeira realidade da existência. Este é o ponto no qual tudo fica claro. Nada é mal compreendido. Não existe limitação ambiental, não existe limitação na compreensão, não existe limitação na capacidade de aprender e, portanto, não existe limitação na capacidade de evoluir. Existe apenas oportunidade.

EU: Então, além da sensação de causa e efeito, o que mais lhe deu o empurrão de que você precisava para se tornar consciente?

SE: Mais nada, só a experiência de causa e efeito e o reconhecimento das outras onze Entidades Fontes. Nesse momento, porém, nenhuma de nós percebeu do que éramos realmente capazes, pois ainda não tínhamos recebido nossas instruções da Origem. No entanto, devo dizer que o elemento da causa e efeito como fator de reconhecimento da autopercepção não deve ser menosprezado, pois o fator decisivo é o reconhecimento da capacidade criativa do indivíduo. Causa cria efeito, e causar um efeito que é a manifestação da criatividade pura é criar a sensação de satisfação; com a satisfação, vem o reconhecimento do eu e a percepção do eu no ambiente em que ele existe.

EU: Então, o que você está dizendo é que você realmente conseguiu reconhecer o seu "eu" quando estava criando.

SE: Disse-o com eloquência. A criatividade é uma das coisas mais importantes que uma entidade pode fazer; é um reflexo de si mesma, e é, portanto, o portal para a autorrealização, a consciência. Muitos de seus artistas, engenheiros, cientistas e autores criam, e é com suas criações que eles percebem quem e o que são—suas criações são uma extensão de seus "eus", e suas criações atuam, portanto, como espelhos, facilitando o reconhecimento.

EU: Tenho a sensação de que o orgulho também tem seu papel nisso.

SE: Até certo ponto, mas o orgulho é apenas uma sensação de bem-estar, do ego. Entretanto, como o ego é o pré-requisito do estado do "Eu sou", ele também ajuda como um dos marcos da estrada que leva à consciência.

A criatividade é o marco supremo. É o resultado da ação em benefício do indivíduo. São os escombros deixados para trás para indicar a existência, e são as evidências necessárias para a entidade individual dar o salto da mera existência para a realização da existência. Foi, portanto, quando criei coisas diferentes manipulando e alterando a representação natural da energia que me cercava que fiz a conexão entre a mera existência e a realização de mim mesma.

EU: Se me lembro corretamente, então isso deve ter acontecido na época em que você estava criando milhares de padrões e formas— aquilo que hoje reconhecemos como galáxias e planetas.

SE: Bem lembrado, mas não correto, pois as galáxias e os planetas não eram esses que existem atualmente em seu ambiente universal.

EU: Quer dizer que você os eliminou? Começou de novo?

SE: Sim, era apenas um jogo. Nada se perdeu, e tudo se ganhou. Ganhei minha percepção. Não se esqueça de que a criatividade é um reflexo do eu, e, neste caso, as formas e padrões fizeram-me refletir interiormente e reconhecer a realização. Como disse antes, a realização da criatividade é um reflexo do eu criando o reconhecimento do eu, e, portanto, concedendo à entidade individual o dom da percepção. Em seguida, tornei-me consciente e fui contactada momentos depois pela Origem, que confirmou minha percepção.

EU: Então, você eliminaria completamente os universos que existem atualmente, aqueles onde a humanidade e o restante de suas entidades existem?

SE: Eu poderia e posso fazê-lo em algum momento futuro, mas uma coisa que não farei é remover as entidades de base energética que criei. Elas permaneceriam e povoariam o novo ambiente. Na verdade, não vejo necessidade de recriar um novo ambiente, pois o atual tem muito a ganhar.

EU: E por que você manteria as entidades deste conjunto de universos caso resolvesse começar de novo e não as eliminar também?

SE: Simples. A razão para manter as entidades que criei neste universo é porque são parte de mim e eu sou parte delas. Se eu consolidasse na unidade tudo aquilo que criei, tudo a que conferi individualidade, perderia incontáveis oportunidades de experimentar o vasto número de experiências de maneiras multipolous [múltiplos de múltiplos de múltiplos] que tenho agora. Além disso, eu perderia o nível contínuo de experiência evolutiva. Leva tempo para se adquirir experiência e evolução e para desenvolver a capacidade de entender como evoluir da maneira mais efetiva. Tudo isto seria perdido e teria de ser aprendido novamente pelas novas entidades que eu precisaria criar. Não, não vejo necessidade de fazer isto; não seria benéfico para mim, pois, em última análise, reduziria minha velocidade de evolução.

Criação dos universos

EU: Falamos brevemente de seu despertar e da percepção do seu "eu" e do fato de você ter se tornado mais consciente de si mesma quando a Origem se comunicou com você e com as outras Entidades Fontes que ela criou.
SE: Sim, falamos.
EU: Gostaria de conhecer melhor o que a Origem disse a vocês e o que fez você optar pelo formato das entidades e do ambiente multiversal que você escolheu.
SE: Como disse em nossos diálogos anteriores, as outras Entidades Fontes e eu estávamos com tempo de sobra. Podíamos fazer o que quiséssemos.
EU: Foi uma escolha sua?
SE: Não. A primeira coisa que a Origem nos disse quando ficamos cientes uma da outra e da Origem foi que tínhamos de aprender a arte da experiência—literalmente, como ter experiências e aprender/evoluir com essas experiências. O tempo entre nossa conscientização do "eu", dos outros e da Origem foi praticamente inexistente. Segundo a minha perspectiva, foi quase instantâneo, mas você pode pensar que se passaram milênios se tivesse de medir o tempo em termos humanos. Nesse ponto, a Origem nos tornou conscientes de suas intenções para nós e nos educou sobre as razões de nossa existência e a tarefa que iria nos apresentar—tudo isso resultaria na evolução acelerada da Origem e na experiência de seu "eu".

A primeira coisa que tínhamos de fazer era apenas criar. Tínhamos de criar e experimentar qualquer coisa e tudo da maneira que achássemos que seria benéfica, simplesmente experimentando aquilo que tínhamos criado. No começo, isso foi principalmente energético, mas no final, desviou-se para os aspectos frequenciais e dimensionais da criatividade.
EU: Como assim?

SE: Bem, creio que é melhor eu me concentrar na minha própria experiência agora, pois estou vendo que poderia começar a explicar o que todas nós estávamos experimentando, e não apenas eu. Isto será feito separadamente em cada um dos diálogos que tivermos com as outras Entidades Fontes.

EU: *Por mim, tudo bem.*

SE: Então, vamos continuar. Depois que experimentei a criatividade sob o aspecto energético num sentido ambiental geral, ou seja, quem eu era e onde eu estava, comecei a perceber que o mesmo nível de criatividade não era representado da mesma maneira nas frequências superiores ou inferiores. Isto mudou significativamente quando introduzi o aspecto dimensional ao objeto ou item que eu estava criando. Percebi que se eu criasse alguma coisa no meu atual ambiente geral, a representação nas frequências/dimensões superiores e inferiores não seria a mesma. Na verdade, a mudança foi bem marcante.

EU: *Dê-me um exemplo.*

SE: Então, vou usar uma coisa que você entende como exemplo, como as galáxias. Quando criei uma coisa com singularidade e ela se manifestou numa frequência mais baixa, ganhou forma. Quanto mais eu descia pelas frequências, mais substancial era essa forma. Quando subi pelas frequências, a forma tornou-se mais insubstancial e também, por falta de uma palavra melhor, mais fluida.

EU: *Quer dizer que ela se tornou um fluido?*

SE: Não, é uma figura de linguagem. Por fluido, quis dizer que era mais sem forma. Além do mais, quanto mais elevadas as frequências, mais era capaz de intervir entre as dimensões. Por exemplo, ela era tão sem forma que tinha a capacidade de existir em qualquer ambiente. De modo similar, quanto mais baixa a frequência, mais forma essa criação teria e menos capaz de intervir entre as dimensões e frequências inferiores. Na verdade, ela acabou presa a um conjunto de frequências e à dimensão correspondente também. Aquela "sem forma" era puramente energética; a "formada" tornou-se uma nebulosa em algumas das frequências superiores, sóis nas frequências baixas e planetas nas mais baixas de todas. O interessante é que o que você chama de galáxias não são especificamente "forma", pois o nível de forma é local para as frequências para as quais as "formadas" migraram naturalmente ou foram atraídas. Isto significa que quando criei coisas que tinham forma, elas tinham mais ou menos substância e mais ou menos forma devido aos bolsões de frequências superiores ou inferiores, ou seja, aquilo que criei não era puro em frequência ou dimensão. Isto explica porque as galáxias são o que são—vastas áreas de espaço com áreas locais de densidade, e estas áreas locais de densidade estão correlacionadas com as frequências inferiores, criando "forma", portanto. Aquilo que foi "formado" resultou nos objetos redondos que vocês chamam de sóis e planetas.

Achei isto fascinante e fiquei totalmente motivada para compreender aquela parte que eu tinha criado e que tinha forma e não era sem forma. Daí o universo que vocês têm hoje.

EU: Então, você ficou mexendo com a energia para criar aquilo que hoje identificamos como galáxias.

SE: É bem isso.

EU: Então, quando você decidiu parar no conjunto de galáxias que temos hoje, considerando que agora também percebemos que há miríades de universos, cada um com seu próprio conjunto de galáxias? Então, eis uma segunda pergunta. Quando você decidiu parar no conjunto de universos que temos hoje?

SE: Essencialmente, quando percebi que eu estava recriando por recriar, percebi que não estava dando às criações que tinham tido tempo suficiente para amadurecerem e se tornarem alguma coisa por conta própria. Tudo que eu tinha criado estava sendo manipulado por mim, só para ver como iria ficar. Eu não percebera a possibilidade de uma criação estendida, observando as formas mudando sozinhas como resultado de sua própria inércia.

EU: O que você quer dizer com criação estendida?

SE: Significa a criação de nova criatividade por parte daquilo que foi criado. Em essência, é isso que vocês, a humanidade, estão fazendo agora.

A criação sendo criada por aquilo que foi criado—isto foi realmente fascinante. A razão para eu ter parado de recriar as galáxias, que, por sinal, são uma função da criação de universos, foi ter percebido que o nível de criação resultante de eu não fazer nada além de observar, observar aquilo que eu havia criado, era algo significativamente mais interessante do que aquilo que eu tinha considerado como uma possibilidade. Foi divertido, mas mais importante ainda, foi uma janela que se abriu para uma nova dimensão da evolução para mim. Os universos eram o ambiente a partir do qual a criação da forma física, as galáxias, sóis e planetas, acabaria por assumir sua própria dinâmica. Portanto, eu parei a criação, o ciclo de recriação quando vi emergir um padrão de criatividade que julguei que tinha mais potencial, ou seja, aquele que traria mais frutos com interação mínima.

EU: Então, como você criou os universos?

SE: A teoria do Big Bang proposta por seus cientistas como o início do universo está tão distante da verdade que nem vale a pena considerá-la. Não criei os universos acendendo um fósforo gigantesco, explodindo e expandindo, embora pareça ser uma boa ideia. Não, criei os universos simplesmente dando à área dentro de mim aquela energia que eu queria que fosse um universo, intenção e propósito—o propósito sendo tornar-se o que ele quisesse ser, o que achasse que seria a melhor forma a assumir em todas as frequências e dimensões em que ele acomodou sua existência. Isto resultou nas áreas que mais tarde assumiriam forma física, afastando-se umas das outras para se darem espaço, um espaço para não se influenciarem mutuamente de maneira significativa.

EU: Você está sugerindo que as galáxias e os universos têm senciência, inteligência?

SE: Não estou sugerindo; eles SÃO sencientes, SÃO inteligentes, mas não são intelectuais—simplesmente existem. Em essência, os universos e as galáxias resultantes são entidades vivas por direito próprio. Cada universo que criei, doze deles, tem o poder de se manipular para adquirir a condição que considera mais adequada para seu gosto pessoal—com as galáxias como representação física daquilo que os universos criaram dentro deles mesmos.

EU: Recebi a imagem/sugestão de que as galáxias são similares a células de nossos corpos humanos.

SE: Não é uma descrição ruim, pois são a parte mais sólida da forma do universo, digamos assim, e exercem uma função na estrutura do universo. Mas dizer que seriam as células de uma forma maior seria um erro, pois a função que precisam realizar não é o resultado de funções corporais ou a função de um órgão dentro de um corpo maior. Sua função é coletar a energia que se aproxima do físico em frequência ou dimensão, dando-lhe forma. Ao fazê-lo, limpam todas as energias perdidas que estão dentro de seu universo, as energias resultantes de sua manifestação ou criação inicial. Em essência, o objetivo de cada uma das galáxias é a reunião de todas essas energias em grupos energéticos, dando-lhes um propósito relativo aos pontos fortes e propriedades de suas frequências coletivas e conteúdo energético. Um bom exemplo disto pode ser visto nos corpos físicos no que vocês chamam de sistema solar, os planetas. Cada um dos planetas é um agrupamento de energias similares, onde cada energia tem uma faixa similar de frequências que se manifestam de forma similar nas dimensões mais baixas—com similaridade suficiente para que possam se unir. O resultado dessas energias serem similares mas não exatamente iguais é o que você vê em sua tabela periódica. A Terra é um exemplo clássico disto. Parece ser um torrão sólido no espaço, feito do mesmo material, mas quando olha com mais atenção, vê que ela é feita de uma grande variedade de materiais diferentes, separados apenas pela frequência ou pelo número de elétrons. Às vezes, apenas uma frequência ou elétron separa dois materiais diferentes quando os sintetizamos. Júpiter, por sua vez, é um exemplo clássico de corpo que é uma coleção de energias de frequência superior, com materiais gasosos na representação frequencial desta dimensão.

EU: Acabei de ter a visão de uma casa feita de tijolos de tamanhos diferentes, alguns do tamanho padrão, outros com metade e outros com o dobro do tamanho—todos montados juntos de modo a permitir que a casa seja construída e pareça ser uma única unidade.

SE: Esse é um excelente exemplo, e é exatamente o que as galáxias estão fazendo com as energias perdidas.

EU: Seria justo supor que, em algum momento, as galáxias foram bem menores em comparação com o que são agora?

SE: Sim e não. Algumas delas começaram do mesmo tamanho grande que têm agora—e seu trabalho consiste em coletar as energias de frequências mais elevadas e sutis. As menores são mais hábeis em reunir as energias mais densas.

EU: Como um buraco negro?

SE: O buraco negro é, na verdade, uma galáxia muito, muito pequena. Para fazer o trabalho que precisa fazer, ela precisa ser capaz de reunir energias na parte mais baixa das frequências das dimensões onde estão trabalhando. Portanto, possuem muita massa em comparação com sua representação física relativa.

EU: Então, isto explica porque as galáxias têm formas diferentes.

SE: Sim, as formas são relativas às energias com que trabalham e o conteúdo das energias que conseguiram atrair.

Na verdade, algumas das energias com que trabalham são tão difíceis de se lidar que elas precisam criar construtos para ajudar na coleta específica para o tipo de energia com que estão trabalhando.

EU: Quer dizer, como uma máquina?

SE:Não. Este é um construto energético; não tem nada de físico. Na verdade, alguns construtos são tão sutis que não podem realmente ser classificados como construtos.

EU: Então, o que são, se não são sólidos o suficiente para serem classificados como construtos?

SE: Seriam mais como uma intenção. Deixe-me explicar. Às vezes, as energias não podem ser manipuladas por meios físicos ou energéticos, seja isoladas, seja na totalidade. Isto se deve à personalidade da energia, na falta de palavra melhor. Quando a energia com a qual se quer trabalhar não responde a manipulações ou à transmutação, isso significa que a energia tem personalidade. Significa que a energia tem propósito próprio e vai resistir a todas as mudanças que visem desviá-la desse propósito. Logo, a energia precisa ser convencida a mudar o propósito de sua existência para outro que também inclui o desejo da entidade galáctica. Fazendo isto, ela precisa trabalhar com a energia por tempo suficiente para se acostumar com a outra energia que a envolve ou está próxima dela. Em suma, precisa pensar na entidade galáctica como parte dela, embora não seja. A entidade galáctica, portanto, precisa manipular sua própria intenção e frequência energética básica, aproximando-se da assinatura energética da energia a ser atraída, viabilizando o trabalho com ela enquanto preserva parte suficiente

de sua individualidade para manter sua personalidade e existência.
Depois que a energia é "enganada" e pensa que a galáxia faz parte dela, fica contente em mudar de intenção para a da entidade galáctica, desde que esta faça as mudanças de intenção de forma sutil e não possa ser detectada como uma energia invasiva.

EU: *Portanto, a galáxia, que por si só é um tipo de entidade, precisa enganar a energia a ser coletada dizendo que faz parte dela e depois reprograma sua intenção e direção.*

SE: É isso. Embora seja uma coisa realmente básica para se falar, na verdade pode levar muitos milênios para se completar. É por isso que algumas galáxias parecem ser grandes nuvens de poeira com apenas um punhado de material ou mesmo nenhum material denso o suficiente para ser chamado de estrela ou de planeta. Daí decorrem algumas das belas imagens que seu telescópio espacial Hubble tem tirado desde que foi posto em órbita terrestre.

A função das galáxias

EU: *E além de coletarem energias perdidas, o que mais as galáxias fazem?*

SE: Fornecem refúgio para entidades que procuraram estar associadas às energias que se aglutinaram nas frequências físicas ou aquelas que podem fornecer oportunidade para a experiência e evolução de entidades superiores.

EU: *Espere aí. Você está sugerindo que as entidades galácticas, "galáxias", estão num ponto razoavelmente baixo da escala de importância das entidades?*

SE: Elas são o que são. Não estão nem acima, nem abaixo de outras entidades dentro da minha criatividade. Em essência, não são mais diferentes de vocês do que eu sou de vocês. A única diferença real é que fazem parte do grupo de entidades que não se beneficiaram tanto quanto vocês e outros como vocês quando eu os criei. Em alguns aspectos, são mais importantes do que vocês, pois lhes oferecem a oportunidade de crescimento e evolução, mas em termos de capacidade de experimentar, não são nem de longe tão ágeis quanto vocês, entidades menores e mais vivazes.

EU: Fale-me mais sobre as galáxias proporcionando refúgio para entidades mais ágeis.

SE: A palavra "refúgio" é uma expressão de referência. Significa lugar de segurança ou lugar para viver/existir. Em essência, é onde as entidades menores, mais compactas e mais ágeis/evoluídas podem experimentar o que desejam fazer para dar continuidade à sua progressão evolutiva. É onde as entidades galácticas se destacam. Deixe-me explicar.

Seu papel primário consiste em reunir energias soltas, dando-lhes propósito. Esse propósito é oferecer substância, substância para a evolução das entidades individualizadas. Fazendo isto, elas também progridem em termos evolutivos—e este progresso é fruto do serviço que prestam às entidades individualizadas. Fazendo isto, ajudam a avançar o cenário maior, ajudando a Origem a se compreender melhor e, por sua vez, a evoluir.

EU: Então, as entidades galácticas também fazem parte do plano?

SE: Sim. Toda entidade que criei é, ao mesmo tempo, parte do plano e tem um papel a representar dentro do plano. Cumprindo seus papeis, elas também progridem e evoluem.

Veja, a razão mesma para toda a nossa existência é evoluir—não há dúvidas nisso. Todos, tudo, toda entidade tem um papel nisso, e temos entusiasmo por este papel. Em sua posição exaltada de entidade individualizada de pensamento livre, vocês se encontram numa posição singular, podendo tanto auxiliar nesta meta quanto acelerá-la. Mas deixe-me voltar à resposta principal à sua pergunta. O refúgio dado a vocês e ao resto das entidades dotadas de individualidade proporciona o teatro necessário para que vocês experimentem as coisas que acreditam que vão resultar em sua evolução de alguma maneira (discreta). No seu caso, isto acontece oferecendo um lugar físico para que vocês possam experimentar um nível de existência mais baixo—muito, muito mais baixo—do que experimentariam normalmente em seu estado energético.

EU: Isso é interessante, pois não almejo a grandeza pessoalmente; busco fazer parte de alguma coisa maior.

SE: E é exatamente isto que você está fazendo em todos os seus trabalhos. Este é o objetivo—reconhecer e fazer parte de algo maior, e você está fazendo isto muito bem.

Vamos voltar à questão do refúgio.

O refúgio que a galáxia criou para todas as entidades associadas a esta área desta dimensão específica é peculiar às oportunidades de experiência física. Cada uma das entidades físicas que vocês chamam de estrelas e planetas proporciona a oportunidade de encarnação física, ou seja, a oportunidade de experimentar a vida ou a existência num estado de frequência inferior a aquele que vocês normalmente experimentariam em seu estado energético. Isto não significa necessariamente que vocês precisam encarnar na forma biológica que conhecem como humanidade, pois qualquer mistura de materiais que pode ser manipulada ou dotada de algum nível de autonomia e que ofereça a capacidade de sustentar pode ser usada como hospedeira de entidades energéticas.

EU: Então, que parte de um planeta é mais útil nesse sentido?

SE: Do seu ponto de vista, os meios mais óbvios para a existência física e móvel são ambientes baseados no ar e na água. Entretanto, há muitas oportunidades a se ganhar em ambientes com rochas, neve, lava ou metais. São áreas que vocês não consideraram seriamente que a vida, muito menos a vida senciente, poderia existir.

EU: Quer dizer que há entidades que conseguem viver na lava derretida?

SE: Sim, claro. Só porque o meio de existência não é tão acolhedor para os humanos como vocês esperariam ou exigiriam, isso não significa que seja estéril, sem vida. A vida que é útil como veículo para a encarnação no plano físico vem em muitas formas.

EU: Qual a aparência física da entidade que habita a lava?

SE: Primeiro, a forma física não precisa se parecer com nada; segundo, ela não precisa estar nas frequências mais baixas, que resultam naquilo que vocês chamam de forma tangível, pois o físico também abrange o líquido e o gasoso. Chega mesmo ao nível de frequência das ondas de rádio. Como pode imaginar, a forma que existe num rio de lava precisa ser capaz de atravessá-lo sem problemas. Um exemplo seriam as entidades que existem no coração do seu sol. Sua natureza é física, mas não da forma como vocês poderiam imaginar.

Além da Fonte, Livro 1

EU: Acabei de captar uma imagem de vida inteligente movendo-se no redemoinho de substâncias químicas e metais da sopa superaquecida que está no centro do núcleo do sol. Parecem-se com inteligências puras que se movem de partícula em partícula. Quando estão todas juntas, essas partículas adquirem uma tonalidade levemente escura, comparada com o pano de fundo amarelo do brilho do núcleo solar, a única indicação do local e do movimento da inteligência dentro deste meio.

SE: Muito bem. É uma boa observação, e ainda por cima muito precisa. A inteligência, como você a chamou, é uma raça chamada Grahoopnik, que na linguagem humana se pronuncia "Gra-Ru-Pnico". Seus principais centros de existência são os corações dos sóis. Gostam da segurança e da sensação das energias dentro do núcleo dos sóis, em particular, pois lhes proporcionam energias típicas das temperaturas atingidas nas forças gravitacionais que os rodeiam.

EU: Eles migram, movem-se de sol em sol?

SE: Sim, claro. Fazem isso instantaneamente, ligando-se à assinatura das energias de que gostam e passando para o sol mais próximo que pode proporcioná-las.

EU: Tenho a impressão de que só saem do sol onde estão quando já removeram dele todas as energias de que gostam.

SE: Sim, isso é verdade.

EU: Posso fazer uma pergunta importante? Essas entidades fazem com que os sóis explodam e se transformem em supernovas?

SE: Sim. Às vezes, esse é o resultado do fato de terem vivido e saído de seu último ponto de referência.

EU: Nosso sol vai se tornar uma supernova como resultado de sua residência e saída posterior?

SE: Sim, vai, mas não se preocupe. A humanidade, em sua forma atual, terá desaparecido milênios antes disso, pois terá progredido e não precisará mais deste tipo específico de natureza física, atualmente usado como veículo evolutivo. O desaparecimento físico do sol e do sistema solar vão acontecer; a Terra atual, como vocês a conhecem, não existirá mais.

EU: Quer dizer que ela vai desaparecer totalmente? Ou vai assumir outra forma energética?

SE: A Terra e o resto dos planetas do sistema solar terão se transladado para seu próximo nível de evolução antes que a presença física do sol seja removida. Na verdade, as energias liberadas pelo sol como resultado da presença dos Grahoopnik serão o catalizador da progressão frequencial. Pelo fato de viverem e migrarem de sol em sol, podem deixar um rastro daquilo que vocês no plano físico chamam de "destruição", mas também podem deixar aquilo que nós, no energético, chamamos de "áreas de progressão". Portanto, a Terra só vai morrer em termos físicos; não vai morrer em termos energéticos. Esta também será sua futura herança.

EU: Então, na verdade, você está dizendo que os Grahoopnik têm um importante relacionamento simbiótico com a oportunidade de progresso evolutivo da raça humana?

SE: Sem querer, eles ajudam no progresso frequencial de muitas raças físicas, e também vão ajudar no progresso da humanidade. Mas, por favor, preste atenção no que eu disse antes. A humanidade terá desaparecido há muito tempo do plano físico quando o sol morrer fisicamente, pois as energias liberadas que auxiliam no aumento de frequência surgem muito antes da dissolução ou desaparecimento físico. Na verdade, alguns de vocês vão perceber que já está havendo uma mudança de frequência. Esta é tanto o resultado do progresso natural da humanidade quanto da existência local dos Grahoopnik no seu sol.

EU: Sim, vários médiuns conhecidos têm dito isto há alguns anos, mas atribuem isso apenas ao aumento do números de humanos conscientes e não a uma força externa, como os Grahoopnik.

SE: Não, eles não saberiam disso. Não poderiam saber disso, pois não têm uma mediunidade com expansão suficiente.

EU: Por que não?

SE: Porque eles só olham para o que está na mente humana e não para o que está na mente universal, e por isso perdem de vista o resto dos detalhes. É uma pena, pois há muito, muito mais que precisa ser transmitido para a humanidade. Só posso fazer isto por meio de pessoas como você.

EU: Obrigado.

Galáxias—Uma força de mudança

EU: Muito bem. Falamos das galáxias como refúgio para o desenvolvimento de muitas raças físicas—algumas das quais, como os Grahoopnik, existem em ambientes extremos no limiar da fisicalidade que a humanidade sequer reconhece como tal. Falamos até dos outros papéis das galáxias, como a coleta de energias perdidas. O que mais elas fazem no cenário maior?

SE: Elas são as guardiãs do espaço no qual existem; este é seu principal papel. Nesse particular, recebem autonomia completa e não respondem a ninguém, exceto a mim. Se você considerar que os universos que criei são o parque de diversões das entidades mais inteligentes, digamos assim, um parque de oportunidades evolutivas, então vai perceber que este parque precisa ser mantido, cuidado e modificado para se adequar melhor às necessidades das entidades que o estão utilizando. Este é o papel das galáxias: cuidar das oportunidades físicas que apresentam às entidades que existem puramente pela existência evolutiva, como vocês, e se modificam sob demanda para oferecer as melhores experiências possíveis. Com "sob demanda" estou dizendo que a galáxia tem a capacidade de olhar para dentro e ver onde estão as áreas de melhoria, ajustando-se de acordo.

EU: Quer dizer que as galáxias são capazes de mudar de aparência e aspecto local ou globalmente em base diária, ou só mudam quando têm uma oportunidade oferecida pelas atividades das entidades dentro delas?

SE: Geralmente, elas aguardam a ocorrência de um evento significativo que dará a oportunidade de mudanças mais impetuosas. Se a mudança ocorresse diariamente, você testemunharia o desaparecimento/aparecimento de estrelas e planetas, ou, na verdade, o posicionamento ou reposicionamento de estrelas e planetas, novos ou existentes. Mas deixe-me deixar clara uma coisa. Geralmente, as mudanças acontecem ao longo de um extenso período, pois as raças afetadas precisam de tempo para se adaptar e ajustar a seu novo ambiente. É raro que se exija uma mudança praticamente instantânea. Não estou dizendo que não possa acontecer. Pode, mas uma mudança desse nível exige a evacuação completa de todas as entidades existentes na área que deve ser alterada, o que, naturalmente, exige certo planejamento, pois muitas das entidades estão encarnadas no físico em um nível semelhante ao seu. Assim, a evacuação precisa ser feita de maneira consistente com seu retorno normal ao energético.

EU: *E como você promoveria uma evacuação instantânea de entidades encarnadas para fazer uma mudança?*

SE: Por meio de uma catástrofe.

EU: *O quê?*

SE: Uma catástrofe. De longe, o meio mais rápido de evacuar um número grande de entidades encarnadas é evocar uma catástrofe. Isto permite que a mudança seja feita logo após a última entidade deixar o plano físico e estar adequadamente de volta ao energético.

EU: *Mas a catástrofe não é um meio um tanto duro de realizar uma mudança?*

SE: Nem um pouco. Não é algo que se use como diversão, mas quando é considerada necessária, é usada sem problema por qualquer das entidades envolvidas. Para muitas delas, o simples ato de participar de tal evento se situa no alto da lista de suas experiências evolutivas. Aqui na Terra, vocês já experimentaram dois desses eventos num nível bem local—e vocês até têm a memória racial de um deles; chamam-no de "o grande dilúvio".

EU: *Você está dizendo que o grande dilúvio resultou de uma ação de nossa galáxia, mudando a Terra para torná-la um lugar melhor para evoluir?*

SE: É mais ou menos isso, sim. Veja, naquele momento, a Terra precisou de uma mudança no tipo de biosfera para permitir que a proporção de entidades baseadas na água e na terra fosse ajustada segundo o número de entidades encarnadas que ela poderia suportar. No caso da Terra, era preciso aumentar a área de água para permitir um aumento do número de entidades baseadas na água. Isto exigiu uma redução drástica na superfície terrestre disponível, e uma redução adequada do número máximo de entidades baseadas na terra.

EU: *Essa mudança permitiu a encarnação de um número maior de golfinhos?*

SE: Os golfinhos físicos são apenas uma dentre muitas entidades baseadas na água que oferecem a oportunidade de uma encarnação física. Há muito mais entidades baseadas nas águas de seus oceanos do que vocês podem imaginar. Muitas delas vivem em estados semi-físicos e, por isso, não são detectáveis com facilidade. Algumas se mantém reservadas, enquanto outras vivem em partes do oceano que são tão profundas que vocês ainda não conseguiram descer o suficiente para poder vê-las.

EU: E quantas entidades baseadas na terra foram evacuadas, digamos assim?

SE: Aproximadamente 20 bilhões.

EU: 20 bilhões. Não temos tanta gente assim na Terra hoje, e somos bem avançados.

SE: Não se esqueça que a proporção entre massa de terra e massa de água era significativamente diferente naquela época. Na verdade, a massa de água era 20-30% da atual, e por isso havia muita terra para as entidades baseadas em terra viverem.

EU: E todas elas simplesmente caíram no chão e aceitaram a mudança?

SE: Sim. No nível energético (eu superior), sabiam que a mudança era necessária, e, sendo assim, suas almas estavam preparadas para sair. Quando chegou o momento, dissolveram seus vínculos com seus veículos físicos e voltaram em massa para o energético. Os veículos físicos não ficaram para trás, é claro, pois voltaram a seus elementos básicos durante a dissolução. Apenas algumas entidades encarnadas baseadas em terra decidiram ficar. Por isso, tiveram de criar diversos veículos para proteger seus corpos físicos, inclusive um volume básico das espécies mais necessárias para proteger a continuidade da flora e da fauna. Aquilo que vocês chamariam de ARCA.

EU: E todas as entidades encarnadas sabiam que precisavam se dissolver para permitir esta mudança para melhor?

SE: Sim, e tem mais: alguns deles foram arquitetos da necessidade de fazer a mudança. Também foram eles que ficaram para trás para começar a reconstrução.

EU: Este é um bom exemplo de uma pequena mudança local. E uma mudança grande?

SE: Uma mudança maior seria grande demais para você entender, pois leva um tempo significativo para ser planejada e envolve setores inteiros do espaço, não apenas um planeta ou sistema planetário específico. Em função disto, vou lhe dar um exemplo de uma mudança de porte médio que uma galáxia pode querer realizar.

EU: Qual o tamanho dessa mudança?

SE: Vários planetas, e, em alguns casos, mais de um sistema planetário. Certamente, incluiria a estrela local, que estaria envolvida desde sua própria perspectiva evolutiva devido à própria natureza da reação física necessária para realizar a mudança.

EU: O que você está sugerindo? Ah, entendi. Essa estrela vai virar uma nova.

SE: Muito bem. O estado de nova, na verdade, é o menor dos dois eventos que pode ser descrito como uma mudança média, e o outro, um pouco maior, seria o que você descreveria como uma supernova.

EU: E qual seria a diferença entre as duas, além do fato óbvio de uma ser maior do que a outra?

SE: A influência do porte da nova envolve apenas uma estrela. A segunda, a supernova, é muito maior e pode envolver diversas estrelas.

Vou aprofundar este ponto.

A nova é usada para fazer uma mudança na área local da estrela sendo usada como catalisadora. Geralmente, envolve apenas as entidades planetárias e as entidades associadas aos planetas próximos da estrela. Você vê a nova como uma força destrutiva, com a estrela explodindo e destruindo os planetas próximos a ela e qualquer vida nesses planetas. Depois, o sol é reduzido a uma anã branca quando toda sua energia foi gasta e a área tornou-se morta. Não é o caso, pois o que está acontecendo é tanto uma atividade de manutenção da casa para a galáxia quanto de natureza evolutiva para os corpos físicos envolvidos. Se a galáxia precisa fazer uma mudança que envolve a estrela e seus associados, seus planetas—lembre-se, ambos são entidades energéticas por si sós—a galáxia oferece duas opções à estrela. Essas opções dependem muito da condição evolutiva da estrela e de seus planetas, incluindo o trabalho que as entidades menores, como vocês (a humanidade), realizaram até então. Se a estrela e seus planetas/habitantes estão prontos para uma mudança evolutiva benéfica para eles, então a estrela vai sofrer uma mudança que aumenta a frequência local o suficiente para que todos passem para o nível seguinte. O processo é aquilo que seus astrônomos observam como uma nova. Em essência, a estrela, com a ajuda da galáxia, aumenta sua frequência até o ponto em que parece explodir, destruindo os planetas associados a ela, deixando apenas detritos, restos de combustível, a estrela anã e asteroides. Em realidade, o que aconteceu é que todos passaram para o nível de frequência seguinte, abandonando seus aspectos físicos que não podem ser transladados. Em suma, renunciaram a sua fisicalidade, todos eles, todos juntos.

EU: Os habitantes dos planetas ou da estrela não ascenderiam primeiro pelas frequências, com a estrela e os planetas indo em seguida?

SE: Não, isto não faz parte do processo. Em termos simples, todos avançam e sobem juntos. Não fazer isso seria como mudar-se de uma casa sem ter outra casa para onde ir nos primeiros dias da mudança. Não seria síncrono. Isto é importante, pois mantém o equilíbrio entre aquilo que se progrediu em frequência, aquilo que permanece e aquilo que é governado no planejamento espacial/dimensional.

Na eventualidade de a estrela e seus planetas e habitantes ainda não estarem prontos para subir pelas frequências, serão levados para um novo local, de acordo com o plano da galáxia para sua própria evolução e manutenção.

EU: Você está dizendo que sistemas solares inteiros são movidos para outro lugar?

SE: Sim, isto é bem comum.

EU: E quanto tempo leva esse processo?

SE: Ele é instantâneo. Entretanto, é fruto de um planejamento significativo em nome da galáxia e da estrela, e também deve ser benéfico para eles. Os dois métodos exigem planejamento, e todas as entidades moradoras estão envolvidas do ponto de vista da percepção. Elas também recebem ajuda das entidades do lugar para onde estão sendo movidas, pois a inclusão de um novo sistema estelar também afeta estas. Pense nos efeitos gravitacionais por conta da atratividade das massas físicas e nas mudanças no aspecto de comunicação causadas pela alteração no perfil gravitacional da área receptora. Tudo precisa ser planejado.

EU: Poderíamos ficar falando sobre isto por muito tempo.
SE: Os detalhes disto mal poderiam ser descritos, pois exigiriam muitos volumes para lhes fazerem justiça.
EU: E as supernovas?
SE: Basicamente, as supernovas são a versão maior disto que acabei de descrever. O único problema aqui é que não estamos falando apenas da oportunidade de mover diversos sistemas estelares. Mudanças desta magnitude significam que a oportunidade de relocação física não é apenas desnecessária, mas sequer levada em conta. Em essência, o método de elevar as frequências das entidades estelares, planetárias e moradoras locais com uma supernova significa que toda a área está pronta para subir. Geralmente, isto é produto de um tempo significativamente longo, no qual todas as entidades da área, estelares, planetárias e residentes, estiveram trabalhando juntas para elevar sua condição evolutiva até o ponto em que a galáxia tem a oportunidade de gerar tanto a ocasião quanto os planos para levar aquela parte de si mesma até o próximo nível.

EU: Acabei de receber a imagem de uma galáxia movendo partes de si mesma até o nível frequencial seguinte de forma gradual, um pouco de cada vez, como se estivesse armando uma tenda.
SE: É uma boa analogia e é o que acontece na maioria dos casos. No entanto, há um pequeno número de galáxias que move simultaneamente tudo que está associado a elas até o nível frequencial seguinte, mas isso exige que todas as entidades associadas a essa galáxia estejam no mesmo caminho evolutivo de voo, digamos assim.

É difícil manter e controlar isto—não do ponto de vista da "translação pelas frequências", mas do "controle do equilíbrio" das áreas que estão prontas para serem transladadas versus aquelas que estão perto de serem transladadas mas poderiam cair pelas frequências e, com isso, colocarem em risco a translação.

Os planetas, a força de trabalho das galáxias

EU: Revisamos a maneira como você criou o(s) universo(s) e o trabalho realizado pelas galáxias. Discutimos até o papel de algumas das entidades que vivem nas estrelas e o que fazem as estrelas para ajudar as galáxias a mudarem áreas locais do espaço para uma condição mais adequada à evolução do processo evolutivo nos planos físicos e nos planos energéticos mais próximos. Agora, gostaria de falar do papel dos planetas nesse trabalho.

SE: Primeiro, permita-me lembrar que, tal como ocorre com todos os corpos físicos do universo físico, que são apenas uma pequena porção daquilo que representam no plano energético, o trabalho realizado pelas galáxias e estrelas no físico também se manifesta no energético. O mesmo vale para os planetas, pois eles também são entidades por direito próprio.

EU: Deixe-me ver se a cronologia está certa antes de começarmos a falar do papel dos planetas.

Você criou os universos para proporcionar um ambiente de existência de um conjunto menor de entidades. Este nível de criação formou energias que se manifestam em todos os níveis de frequência em todas as dimensões dentro de cada um dos universos em diversas formas, algumas das quais dentro das frequências que nós, humanos, chamamos de físicas. Essas energias, inclusive essas que no físico receberam forma e consciência de si mesmas, começaram e reconheceram sua fonte, você, a Entidade Fonte. Sendo de sua responsabilidade, elas receberam papeis e responsabilidades para assegurar que a manutenção de seu ambiente seria mantido da melhor maneira. Parte disto envolveu a oportunidade para a evolução delas, pois receberam individualidade, embora coadunada com você. Na manutenção de seu ambiente, elas organizam as energias da forma física manifestada em energias semelhantes às suas próprias frequências—criando galáxias. Como galáxias, aprofundam seu trabalho concentrando-se nas energias menores e fundem-nas em estrelas e planetas—algumas estrelas e planetas são atraídos mutuamente, outros não. Quando os planetas têm certo tamanho ou densidade energética, suficientes para dotá-los de retenção de memória e reconhecimento de si mesmos, eles ganham a percepção, autopercepção e reconhecem a estrutura de outros como eles. Então, recebem papeis e responsabilidades coerentes com a sua galáxia.

SE: Ótimo resumo. Assim que chegam nesta última parte, coloco as entidades restantes, como vocês, nos universos que criei. Todos vocês têm três coisas principais embutidas em sua consciência:

1. Reconhecimento de si mesmos (percepção);
2. Reconhecimento da origem (eu, sua Entidade Fonte) e da posição numa hierarquia;
3. Reconhecimento da meta (experimentar e evoluir em função disso).

Alguns de vocês têm um quarto item embutido em sua consciência—livre arbítrio.

EU: Eu achava que todos nós tínhamos sido criados ao mesmo tempo.

SE: Vocês foram, mas eu segurei minhas criações mais preciosas até considerar que o ambiente havia atingido um nível mínimo de estrutura antes de apresentá-las a ele. Agora, vamos voltar aos planetas.

O papel dos planetas é triplo: 1) proporcionar uma função menor de limpeza e coleta, atraindo energias mais densas e integrando-as; 2) proporcionar um ponto focal para a existência física e energética de entidades energéticas menores; 3) experimentar e evoluir por sua própria conta. Fazendo essas três coisas, eles proporcionam as funções mais básicas para a função continuada do universo, pois são os trabalhadores da "linha de frente", por assim dizer. São a origem e os criadores do que vocês chamam de espíritos da natureza. Na verdade, eles mesmos também são espíritos da natureza.

EU: Como assim? Você está dizendo que nos sistemas solares ou galáxias os planetas têm um papel similar ao realizado pelos espíritos da natureza na própria Terra—como a manutenção das formas de vida inferiores, como árvores e rochas?

SE: Certamente. Saiba disto: todas as entidades dos universos que criei têm um papel a cumprir na manutenção de seu local—seja coletando energias perdidas, mantendo as frequências da energia tão altas quanto possível, proporcionando um refúgio para a existência física de seres energéticos menores ou simplesmente evoluindo. Como exemplo de parte do trabalho físico da Terra no espaço que ela ocupa, você só precisa contemplar a aurora boreal, as "luzes do norte". São a manifestação física do exercício de limpeza realizado pela Terra, removendo e convertendo eventos locais de energia cósmica que são prejudiciais para a funcionalidade dos seres físicos do plano terrestre e perturbam a clareza das comunicações entre a entidade que vocês chamam de sol e as entidades cuja tarefa é manter a direção do "vento solar". O vento solar é usado por entidades "estelares" para trocar energias—diferentes daquelas que são autogeradas—com outras entidades estelares. Em essência, os planetas têm um dos trabalhos mais importantes do universo. Têm responsabilidade para com as entidades menores que usam sua superfície para a existência de seus veículos físicos, assegurando-se de que estão mantendo o ecossistema na condição mais ideal possível—mesmo quando estão fazendo mudanças neles mesmos para permitir a ocorrência de adaptações energéticas.

A contribuição de um planeta para o jogo da evolução mostra-se mais eficaz quando ele abriga mais do que dois tipos de seres sencientes ou de elevado nível energético, no plano físico, energético ou ambos simultaneamente. Na verdade, quanto mais tipos de entidades ele puder suportar, mais eficaz sua contribuição e mais depressa ele poderá evoluir por direito próprio.

EU: Quantas entidades a Terra suporta atualmente?
SE: Três, além dos visitantes, que são de mais de vinte tipos diferentes.
EU: Deixe-me adivinhar: humanos, golfinhos e algum outro animal?
SE: Falamos sobre isto de algum modo antes, especialmente do fato de os golfinhos serem uma das outras raças usando a Terra para propósitos evolutivos. A terceira é puramente energética e existe numa área de um de seus mares, isolada da humanidade mas não dos golfinhos. Na verdade, os golfinhos comunicam-se com esta terceira raça com grande regularidade.
EU: A humanidade se comunica com eles de alguma forma secreta?
SE: Energeticamente, vocês sabem de sua existência, mas do ponto de vista da humanidade física, vocês não têm ideia de que existem e nunca viram ou sentiram sua presença.
EU: Chegaremos a conhecê-los algum dia?
SE: Só quando a humanidade realizar coletivamente uma mudança em seu nível de frequência a ponto da encarnação física não ser mais necessária.

EU: Isto vai acontecer logo?
SE: Isto não se dará em várias centenas de vidas físicas. Antes que isto aconteça, a frequência da Terra precisa ser elevada em sete níveis frequenciais, o que só pode ser feito quando a raça humana resolver desistir da necessidade de gratificação pessoal e ficar mais interessada em seus irmãos, colocando sempre o próximo em primeiro lugar. Neste ponto, a humanidade vai trabalhar num nível ou base individual pelo bem do todo, sem a necessidade de catástrofes que atuem como catalisadores do trabalho comunitário. Mesmo hoje em dia, as catástrofes não vão funcionar muito bem, pois as supostas celebridades usam-nas para seus próprios fins, alegando estarem preocupadas com a segurança e o bem-estar daqueles afetados quando, na verdade, tudo que estão fazendo é usar as catástrofes como oportunidades de publicidade. Não procure ser uma celebridade! É um modo garantido de retardar sua evolução.

Mas vamos voltar ao papel dos planetas. Como dito recentemente, um planeta, como entidade com méritos próprios, contribui significativamente para a manutenção de seu local. Parte da manutenção se dá como resultado de sua própria evolução. Como os planetas abrem mão literalmente de si mesmos em benefício dos outros, sua oportunidade de avanço evolutivo é imensa, bem como a oportunidade de efetuar um aumento da frequência em seu local. Entretanto, ele também é afetado pelas mudanças de frequência feitas pelas entidades que ele aloja, e, no caso da Terra, ele simplesmente não compensou a perda de frequência causada pelos erros da humanidade.

EU: Então, o papel de um planeta é oferecer habitação, limpar as energias nocivas para seus habitantes e manter certas linhas de comunicação entre as entidades estelares e aqueles que trabalham com os ventos solares.
SE: Essa é uma maneira breve e amável de dizê-lo. Mas eles têm mais um papel.
EU: E qual seria?
SE: Acrescentar substância ao tecido do universo, tanto no nível frequencial energético quanto no físico. Essencialmente, são a cola que mantém tudo isso junto.

Além da Fonte, Livro 1

A criação e os papeis das entidades menores

EU: Como disse no primeiro livro, você criou bilhões de entidades menores para terem experiências e evoluírem como parte do processo de criação do(s) universo(s). O objetivo era/é experimentar a existência no maior/menor nível possível e na mais elevada/menos elevada frequência possível.

Devo admitir que fiquei muito surpreso ao saber que ficamos em "banho-maria", por assim dizer, até você ter estabilizado—se é que seria a palavra correta—o universo.

SE: A estabilização é uma parte necessária do processo de criação. Se eu tivesse introduzido todos vocês num ponto logo após a criação do(s) universo(s), vocês teriam sido varridos no torvelinho resultante da combinação das energias. Vocês teriam perdido sua dimensão de referência e seu nível de frequência, além de sua direção, especialmente porque as galáxias estavam trabalhando na coleta de energias em todas as dimensões e em todas as frequências ao mesmo tempo. Foi um período tumultuado e precisava de tempo para ser concluído. Assim, as entidades menores, como vocês, tiveram de esperar numa área de espera até ficar pronto o ambiente para vocês se mudarem.

EU: E o que ficamos fazendo nessa área de espera?

SE: Nada.

EU: Nada?

SE: Nada. Veja, embora eu tenha criado todos vocês, nenhum de vocês estava em posição de "se" reconhecer. Vocês não tinham autopercepção e, portanto, não tinham nada. Na verdade, se um ou dois de vocês tivessem começado a desenvolver percepção, eu teria de mantê-los em estase, pois a relocação rápida demais para sua nova dimensão logo após a percepção inicial de seu ambiente teria sido um tanto confusa para vocês.

EU: Por que teria sido confuso? Achei que éramos apenas versões menores de você e que éramos capazes de lidar com a maioria, se não com todas, as energias de seu universo.

SE: Isto é verdade, mas o problema é que a área de espera era um recurso dimensional/frequencial muito limitado e, por isso, com poucos estímulos. O tempo que vocês ficaram na área de espera foi tão grande que, se vocês estivessem conscientes, teriam se sintonizado nas limitações daquela área habitacional, adaptando-se a ela. Se o fizessem nesse ponto tão precoce de sua existência, vocês teriam se programado para serem menores do que o seu potencial. Seriam como o peixe que cresce conforme o tamanho da lagoa, digamos; ficariam limitados, com muito poucas chances de recuperação.

EU: Por que não teríamos nos recuperado?

SE: Quando criei vocês, dei-lhes a capacidade de se expandirem até os limites de suas capacidades no universo que eu estava criando, uma espécie de programa automático destinado a fazer vocês se tornarem automaticamente o melhor que poderiam ser em termos funcionais, mas com a capacidade de crescer como indivíduos, de evoluir. Se este programa/processo começasse, vocês teriam se expandido até as capacidades possíveis de se adquirir na área de espera, que era extremamente limitada. Felizmente, nenhum de vocês tinha sido criado há muito tempo, apenas alguns milênios, e, portanto, não tinha adquirido ainda autoconsciência, deixando portanto de lado o programa de expansão.

EU: Fale-me mais sobre este programa. O que mais ele continha?

SE: Além da sintonia com as dimensões e frequências associadas com os universos que criei—o que, por si só, já lhes dá sua expansividade—ele também identificou o nível de entidade que vocês eram. Lembre-se que comentamos o fato de que algumas das entidades que criei não eram do mesmo tipo, devido ao fato de minha atenção não ter sido distribuída igualmente entre minhas criações durante o processo criativo? Vocês estariam mais bem localizados dimensionalmente. Aqueles que eram "inteiros" puderam se expandir até o nível a partir do qual poderiam trabalhar em qualquer ambiente, dimensão ou frequência dentro da vastidão universal, enquanto outros estariam limitados a áreas menores. Depois de sintonizados, teve início a próxima etapa: a percepção de si mesmos, com o que também começou a percepção dos outros e a interação com eles. Aqui, o objetivo era que as entidades conseguiriam subir mais se a percepção de si mesmos e dos outros fosse simultânea. Além disso, havia o reconhecimento da necessidade de experimentar o máximo possível, evoluindo em função disto. Depois, o conhecimento da posição dentro do universo ficou acessível, incluindo-se aqui sua missão de existência e a compreensão de quem é a Origem e porque ela criou as doze Entidades Fontes. Finalmente, o conhecimento de que a individualidade é mantida mesmo na unicidade e no desejo de voltar à Fonte, trazendo todas as experiências, ficou enraizado na memória.

EU: *As partes da programação que você acabou de mencionar são estas:*

- *Percepção de si mesmo;*
- *Reconhecimento dos outros;*
- *Experimentar a existência;*
- *Evoluir;*
- *Identificar sua posição no universo;*
- *Identificar sua missão na existência;*
- *Compreender a Origem e suas criações;*
- *Retornar à Fonte quando apropriado;*
- *Manter a unidade enquanto estiver no todo/na fonte.*

Essencialmente, esse é o nosso papel no universo. Isso é tudo que temos de fazer. É simples.

SE: Não é tão simples como pode parecer. Lembre-se de que falamos sobre o karma nos diálogos prévios de seu primeiro livro. Lembre-se da coação dos desejos do físico e de como era fácil ficar preso às demandas do físico, a ponto de você não trabalhar mais pelo bem dos outros, mas apenas pelo seu?

EU: Sim, eu me lembro.

SE: Bem, há uma razão para isso não ser tão simples. Também é uma das razões pelas quais vocês, entidades menores, terem sido criadas. Em meu nome e no da Origem, vocês foram criados para lidar com a questão do "si mesmo", o self, que todos os itens anteriormente elencados identificam. Em resumo, o principal papel de todas as entidades menores que existem é experimentar aquilo que a Origem ainda não experimentou, passando esta informação para a Origem. Em essência, a Origem idealizou um plano brilhante: quando vocês têm uma experiência, eu também tenho e a Origem também. Além disso, com todos os bilhões de entidades que as outras doze Entidades Fontes e eu criamos, a oportunidade de experimentar o self—pois todos nós estamos dentro da Origem e, portanto, fazemos parte dela—é multiplicada por um fator relativo ao número de entidades menores criadas e tendo experiências ativamente. A única coisa que você precisa lembrar é que não há duplicidade nisso. Cada experiência é separada.

EU: E por quê? Eu imaginava que se, digamos, cem entidades experimentassem a mesma coisa, como um desastre natural ou uma partida de futebol, seria a mesma coisa.

SE: Não é bem assim. Essa é a beleza por trás de se ser uma entidade separada. Vejam, mesmo que vocês façam parte de uma coletividade e tenham a mesma experiência que seu irmão na existência coletiva, cada um vai perceber a experiência pessoalmente de forma sutilmente diferente. A forma pela qual você a experimentará será relevante para sua própria evolução e experiência, bem como o fato de você estar encarnado ou não e do tipo de ambiente no qual você está encarnado. Lembre-se: a encarnação não se dá necessariamente num estado fisicamente denso ou numa frequência tão baixa quanto a que vocês estão experimentando agora, pois a natureza física tem muitos níveis de frequência. Em suma, todo o objetivo da existência, e, portanto, o papel das entidades menores, é ter experiências, evoluir, fornecer feedback e voltar.

Capítulo 2
Entidade Fonte Dois

Neste ponto, tenho de admitir que senti certa ansiedade. Estou prestes a me comunicar com outra Entidade Fonte, aquela que vamos chamar de Entidade Fonte Dois (SE2). O Criador de nosso multiverso é a Entidade Fonte Um, mas em termos simples, ela é referida como "A Entidade Fonte" (SE). É uma sensação estranha, como se fosse o bloqueio do escritor. Não tenho ideia daquilo que vamos falar, embora eu tenha uma lista de perguntas simples, que vou usar em minhas conversas com todas as Entidades Fontes. Isto deve manter tudo bem simples, pois não tenho dúvida de que muitos dos conceitos que estão prestes a serem lançados sobre mim serão muito difíceis de entender. Espero poder colocar em palavras que tanto os leitores deste texto quanto eu seremos capazes de entender.

EU:Sinto que a comunicação está começando, mas parece algo estranho—como se eu estivesse esfregando a minha cabeça na casca de um carvalho.

SE: É que você está tentando se comunicar com a Fonte SE2 diretamente e não por meu intermédio. Vocês foram criados por minhas próprias energias; elas são diferentes das energias com que as outras Entidades Fontes trabalham. Como resultado, será como bater contra uma parede de tijolos, pois vocês estão fora de sintonia, fora de fase e fora da estrutura (universal). Não estou surpreso por você achar que está esfregando a cabeça na casca de um carvalho. O que me surpreende é você ter chegado até este estágio; você fez mesmo uma conexão direta com a SE2. Estou impressionado; isto vai facilitar muito nossa comunicação com o SE2, pois o nível de intervenção como tradutor que eu terei de fazer será menor. Não me interprete errado. Eu ainda terei de ser o contato principal, e, na maioria dos casos, você se comunicará com a SE2 por meu intermédio, mas nesse vínculo você será capaz de captar muito mais do que apenas a fala da SE2 através de minhas palavras para você. Você também receberá imagens durante o diálogo.

EU: Então, você poderia me dizer como essa Entidade Fonte se dividiu?

SE: Sim. Neste caso, a SE2 se dividiu de uma forma muito similar à forma como eu me dividi, mas ela se dividiu em quatro e não em doze. Como isso, você tem 12x4x12x3 níveis dimensionais diferentes. São 1.728 dimensões em quatro universos.

EU: Então, esta similaridade seria a razão pela qual eu fui capaz de manter algum tipo de comunicação inicial?

SE: Não. O fato da metodologia de divisão ser similar não significa que as frequências e dimensões dentro do ambiente criado terão as mesmas características—e decorre disto a maneira como você se sentiu ao estabelecer contato por conta própria.

EU: Agradeço o esclarecimento. Então, você poderia me apresentar formalmente à segunda fonte, SE2?

SE: Sim. Agora, estamos em contato.

EU: Oh, sinto que estou num ambiente repleto de nuvens verdes, cinzentas e vermelhas.

SE2: São meus filhos. Vocês os chamam de nebulosas. Constituem a maior parte dos seres que eu criei.

EU: Certo. Creio que eu deveria parar por aqui e pedir para seguirmos uma estrutura similar, se não igual, à da primeira parte deste livro. Isso manteria as coisas simples para mim e para quem for lê-lo depois.

SE2: Se quiser, podemos fazer isso.

EU: Desculpe-me por mencionar isto, mas tenho a impressão de que você está sofrendo. Sua voz parece profunda e oca.

SE2: Posso lhe assegurar que não estou sofrendo. O som da minha voz, o método que você escolheu para nos comunicarmos, está relacionado com minha frequência geral de ressonância. É a maneira pela qual você conseguirá me distinguir de sua própria Entidade Fonte.

O começo da existência da Entidade Fonte Dois

EU: Falei com minha Entidade Fonte e como ela se tornou consciente no primeiro período de sua existência. Você poderia explicar como se tornou consciente e o que você sentiu?

SE2: Tal como aconteceu com sua própria Entidade Fonte, eu pude me tornar consciente no meu próprio ritmo. Esta foi uma das regras que a Origem se impôs. Foi uma sensação estranha. Perceber que você "está" em existência é como olhar para uma nuvem de energia e perceber que aquilo é uma nuvem de energia. Quando você começa a perceber as coisas em seu ambiente local e as identifica, dando-lhes nome ou rótulo, você começa a levar em conta quem e o que você mesmo é. Neste ponto, comecei a "me" investigar e percebi que seria uma grande tarefa, especialmente se eu olhasse para "mim" no menor nível. Foi durante esta fase da minha existência—quando eu estava me tornando mais consciente do que eu era e do que podia fazer—que a Origem entrou em contato comigo e explicou que eu era uma pequena parte "dela" mesma. Foi nesse momento que percebi que havia outros como eu ao meu lado.

EU: Sim, recebi uma imagem de vocês todas, próximas umas das outras e dentro de uma bola maior—e esta bola maior é a Origem.

Figura 1: A Origem e as Entidades Fontes

SE2: Essa é uma boa descrição. Mas não se esqueça de que a Origem é absoluta e infinita, não existe nada além da Origem, a Origem é "tudo", e por isso essa imagem no olho de sua mente que mostra a Origem como uma entidade menor é errada, resultando de sua capacidade limitada de compreensão em sua projeção atual.

EU: *E o que a Origem lhe disse quando você entrou em contato com ela pela primeira vez?*

SE2: Ela explicou a razão para a minha existência e a razão para a existência das outras Entidades Fontes. Isto sua própria Entidade Fonte já lhe informou. O mais importante é que ela disse que o modo como eu realizaria a tarefa que me deu cabia inteiramente a mim. Não havia limite de tempo e nenhuma restrição sobre a energia ou o poder utilizados. Foi uma simples reunião. A Origem se esforçou para mantê-la assim e para me mostrar o que ela era em sua inteireza; com isso, eu poderia entender o que ela era, o que eu era e como eu me encaixava nisso. Depois que a Origem me explicou tudo que conhecia, senti que éramos um só, a mesma coisa. Eu era a Origem, o que, como divisões da Origem, todos nós somos. Em função disto, tive o que você poderia chamar de "empurrão" na direção certa. A mudança em mim foi instantânea. Num momento, apenas eu existia e pensava; no momento seguinte, depois que a Origem me passou todo o seu conhecimento, personifiquei-me. Eu era energia e pensamento, recebi conhecimento e um propósito: descobrir o que eu era, experimentar o que eu era e evoluir. Como eu era uma parte da Origem, tudo que eu fizesse seria passado automaticamente para a Origem de forma experiencial, e por isso eu não precisaria entrar em contato com a Origem especificamente para relatar o progresso que eu estava fazendo. Foi neste ponto que comecei a ter o que vocês chamariam de "diversão", manipulando as energias que estavam à nossa volta. Eu vi que era muito bom criando formas e construtos dimensionais.

EU: *Como você decidiu criar um universo com 12x4x12x3 dimensões?*

SE2: Decidi que criaria quatro ambientes, nos quais basearia meu ambiente de aprendizado, simplesmente porque eu queria ter quatro experimentos diferentes funcionando ao mesmo tempo. Cada universo—se quiser chamar assim os ambientes—foi construído de maneira diferente. Cada um tinha um propósito diferente e um conjunto diferente de regras.

EU: Você criou um conjunto diferente de regras para cada ambiente? Por quê? Quais eram as regras?

SE2: Eu quis ver como as entidades que eu criaria para povoar esses ambientes depois se sairiam caso tivessem um conjunto diferente de limitações diante delas, mas com a mesma meta. Um dos ambientes—vamos chamá-lo de ambiente um nesta conversa—não tinha restrições e tinha todas as habilidades que eu tinha. Nos outros, removi componentes dessas habilidades.

Os quatro ambientes da SE2

Ambiente 1—10.000 Entidades Fontes, um ambiente

EU: Pode me explicar quais habilidades e componentes que você removeu? Não, antes me fale desse primeiro ambiente, e depois me diga quais limitações ficaram nos três ambientes restantes.

SE2: Como acabei de dizer, o primeiro ambiente continha todos os atributos que recebi da Origem. Tudo estava nesse ambiente, até a mais baixa dimensão e frequência. Além disso, as entidades que criei eram cópias diretas de mim, apenas menores no que você chamaria de volume. No entanto, elas tiveram uma restrição: só poderiam existir no ambiente que criei. Ou seja, não poderiam voltar à Fonte, a mim, como vocês podem fazer com sua própria Entidade Fonte.

EU: Por que você fez isso? Qual foi o objetivo disso?

SE2: Eu quis lhes dar autonomia total. Com a alavancagem do poder que havia lhes dado, igual ao meu, elas poderiam virar seu ambiente literalmente de cabeça para baixo e de dentro para fora. Quis que soubessem disso e que percebessem que não teriam minha ajuda para corrigir qualquer confusão em que se metessem, e que eram senhoras de seus próprios destinos, qualquer que fosse o caminho que seguissem.

EU: E qual foi a meta que você lhes deu?

SE2: A meta ou tarefa foi a mesma que a sua. Todas nós recebemos a mesma tarefa da Origem: experimentar tudo o que existe de tantas maneiras diferentes quanto possível e evoluir em função disso.

EU: Mas você lhes deu tudo e nada. Deu-lhes uma tarefa, mas não um caminho para voltarem para casa, para você.

SE2: Eu lhes dei tudo. Elas são totalmente independentes de mim, são senhoras de seu próprio universo e vão existir enquanto eu existir.

EU: E por quanto tempo você vai existir?

SE2: Enquanto a Origem quiser que existamos. Que eu saiba, ela não tem planos de remover essa existência, mas a minha, a nossa, a sua existência ainda são prerrogativas da Origem e de sua satisfação com a minha, a nossa, a sua existência.

EU: Mmm, certo, creio que minha Entidade Fonte me informou sobre isto antes.

SE: De fato, e é uma história consistente que você vai ouvir de todas as Entidades Fontes.

EU: É bom saber que você ainda está aqui e que posso reconhecê-la como minha Entidade Fonte.

SE: Sim, não se esqueça de que ainda preciso dar apoio ao vínculo que você está mantendo com a SE2, motivo pelo qual você está tendo tanta facilidade para se comunicar com ela.

EU: Obrigado. Então, voltando ao primeiro ambiente dos experimentos da SE2, poderia, por favor, me dar um exemplo do tipo de poder que essas entidades tinham no primeiro ambiente?

SE2: Como explicado há alguns momentos, elas tinham poder total. Mas entendo que você queira um exemplo. Em termos simples, elas têm o poder de se destruírem totalmente caso se recusem a continuar existindo, ou podem se reproduzir ou reproduzir seu ambiente.

EU: Posso entender a reprodução de si mesmas, mas reproduzir o ambiente, universos ou multiversos inteiros? Por que iriam querer fazer isso? Como o fariam?

SE2: Elas é que sabem como fariam isso, mas um modo seria segmentar uma parte do volume ambiental que eu lhes dei para criarem uma duplicata. Outra maneira seria espelhar todo o volume do ambiente, copiando-o e colocando-o num nível de dimensão ou frequência que está levemente desalinhado com o original.

EU: Mas você precisaria remover um componente frequencial ou dimensional do ambiente existente para conseguir fazer isso?

SE2: Boa pergunta. Não, você está pensando em termos do seu próprio ambiente e sua física material. A maneira de fazer isso é...

EU: Estou recebendo a imagem de uma espécie de processo no qual você usa melhor o espaço disponível, ou seja, como um programa de duplicação de espaço num computador abre mais espaço no disco rígido, usando uma forma de algoritmo de compressão que mantém todos os atributos dos arquivos no disco rígido, mas tornando-os menores e economizando espaço.

SE2: Não era essa a descrição que eu iria usar, mas vai servir. Esse exemplo será suficiente para que seus leitores compreendam. Na verdade, talvez seja a única maneira de vocês compreenderem o processo.

EU: Por quê?

SE2: Eu estava tendo dificuldade para inserir a informação em sua memória energética limitada. Ela não seria capaz de receber o conceito que eu estava preparada para lhe dar. A compressão multiversal é um exemplo bom o suficiente para você usar.

EU: Então, se as entidades do Ambiente 1 são muito poderosas, devem ter dificuldade para viverem juntas.

SE2: Elas não brigam, se é isso que você está insinuando. Cada uma tem as mesmas capacidades das demais e todas respeitam seu papel dentro de seu ambiente.

EU: Quantas entidades você criou para o primeiro ambiente?

SE2: Você vai dizer que é um número redondo e por isso vai ficar desconfiado.

EU: Vá em frente. Vejamos.

SE2: Dez mil.

EU: Tem razão. É um número redondo e fiquei desconfiado.

SE2: ?

EU: Como assim? É isso mesmo? Silêncio?

SE2: O que você quer que eu diga? Quer que eu justifique um número redondo?

EU: Puxa, na verdade, sim. Tive um problema parecido com o número de níveis que minha Entidade Fonte criou. Baseavam-se em 100.

SE2: Uma das coisas que você precisa se lembrar é que os números que eu uso ou que nós usamos estão numa linguagem que você entende. Eu/nós usamos números inteiros para facilitar a comunicação. Basta dizer que o número que lhe dei está correto, e como tal, é compreensível para você e para os outros. Um número como 9.892 seria mais crível para você?

EU: Talvez.

SE2: Então, use-o. Mas não está correto, pois foram mesmo 10.000.

EU: O.K., acho que vou deixar esta pequena digressão no texto deste diálogo; o mero fato de você estar questionando meu questionamento é uma confirmação suficiente para mim.

SE: Vá descansar. Você está cansado.

Alguns dias depois, continuei a conversa.

EU: Podemos prosseguir com o primeiro dos quatro ambientes que você criou?

SE2: Sim, claro.

EU: Uma das perguntas que não fiz trata do surgimento das entidades nesse ambiente, e o que elas criaram como civilização.

SE2: Vou dividir sua pergunta em duas partes. Em termos de seu surgimento, elas não têm nada que você poderia identificar.

EU: Como assim?

SE2: Elas não possuem uma aparência física. Percebi que você está aguardando mais esclarecimentos.

EU: Sim, por favor.

SE2: Não há um meio de descrevê-las fisicamente, pois o ambiente onde existem não possui dimensões ou frequências baixas o suficiente para causar uma projeção física. Em termos simples: elas são pura "Essência da Fonte", tal como o seu ambiente.

EU: Espere um pouco. Acabei de receber uma imagem ou conceito na minha mente, mostrando que são uma só, a mesma coisa—ou seja, seu ambiente e as entidades são uma só coisa.

SE2: Correto. É por isso que elas não têm forma, seja física, seja energética, que você possa usar para distingui-las além de seu ambiente.

EU: Foi por isso que você só criou 10.000?

SE2: Sim, e também foi por isso que lhes dei total autonomia. Elas são como eu no meu próprio ambiente, totalmente onipotentes.

EU: E como você as distingue? Elas possuem uma assinatura ou algo que lhe permita identificar qual das dez mil seria alguma delas?
SE2: Elas só podem ser identificadas por seus processos mentais. Cada uma tem um processo mental diferente que usam para criar a oportunidade de experimentar e evoluir. Mas lembre-se disto, por favor: nem todas elas tem existência plena e separada ao mesmo tempo.
EU: Desculpe? Você quer dizer que num instante elas existem e noutro não?
SE2: Como você notou antes, elas são uma só, a mesma, e, portanto, são um só com seu ambiente. Vejo que você está franzindo a testa. Vou lhe enviar uma imagem daquilo a que estou me referindo.

Então, recebi a imagem de uma massa de alguma coisa, como uma nuvem, digamos. Esta nuvem pairava sozinha, como uma massa ondulante. Depois, vi uma massa de algo que só posso descrever como gotas de chuva. Cada gota de chuva tinha sua própria senciência. Enquanto olhava para a nuvem, que, como me disseram, era seu ambiente, percebi que cada uma das gotas tinha um papel a cumprir e uma tarefa para fazer. Os papéis e tarefas eram designados pessoal ou coletivamente. Antes de se designar um papel ou tarefa, a gota de chuva que realizaria o papel não era uma entidade separada. Era parte integral da nuvem. Quando o papel era definido e se estabelecia a interação com outras gotas de chuva ou energias, formava-se uma gota de chuva ou uma série de gotas de chuva, e elas fariam o que fosse necessário para realizar e completar a tarefa. Uma vez concluída a tarefa, a gota ou gotas de chuva voltava(m) para a nuvem e perdia(m) sua singularidade. Voltava(m) a ser uma só com a nuvem. Sua singularidade se perdeu, mas sua essência foi mantida na nuvem, seu ambiente. A nuvem, o ambiente, foi feito da Essência da Fonte que podia ser separada em duas partes: essência ambiental e essência individualizada.

Figura 2: A nuvem e gotas de chuva

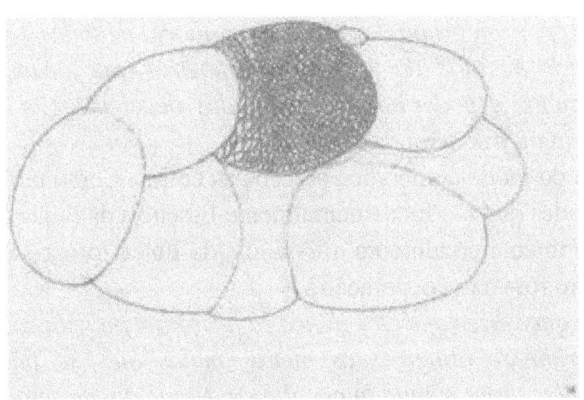

SE2: Agora você entende como elas existem?

EU: Sim, creio que sim. Essa imagem foi um modo realmente simples e eficaz de descrever o que elas são. Entendo que não há nuvens ou gotas de chuva—que isso foi apenas um método para descrever a função do ambiente e da energia individualizada, um modo de explicar, em termos simples, como pode haver uma "variação" no número de entidades existentes, por falta de palavra melhor. É um modo de mostrar que nunca estão todas as entidades que você criou nesse ambiente como existências singulares ao mesmo tempo, ou há alguma ocasião em que estão?

SE2: Houve ocasiões e haverá ocasiões em que todas existiram e existirão como entidades singulares juntas, digamos. Essas ocasiões surgem quando todas são necessárias para mudar as características do ambiente no qual existem, pois isso só pode ser feito quando todas estão de acordo.

EU:Sim, entendo que isso seria uma limitação. E a civilização? Elas criaram uma?

SE2: Civilização é uma palavra peculiar à sua existência de base física. Ela determina que entidades ou seres se comportem de um modo que vocês classificam como civilizado, que esteja presente certo nível de cooperação e tecnologia e que o nível de tecnologia seja um produto do nível de cooperação em base pessoal e coletiva. Minha suposição está correta?

EU: Sim, está.

SE2: Bem, neste caso você pode dizer que as entidades e o ambiente no qual existem são civilizados.

EU: O quê? Como assim? Não houve criatividade, área ou ambiente criado por um grupo deles para a melhoria de todos e que tenha resistido ao teste do tempo para mostrar que foram, de fato, civilizados e poderiam ser chamados de civilização, que teve sucesso ou fracassou?

SE2: Não do modo como você percebe as coisas. Como um grupo de entidades que são fundamentalmente Essência da Fonte e parte de um ambiente criado com a Essência da Fonte tornar-se algo que sempre foi—em cooperação?

EU: Você quer dizer que elas nunca se tornaram incivilizadas, nunca deixaram de atingir suas metas, metas que, se não fossem atingidas, teria resultado em alguma forma de afastamento entre as entidades envolvidas?

SE2: Não. Veja, mesmo quando deixam de atingir a meta que elas mesmas estabeleceram, elas conseguiram aprender alguma coisa, tiveram uma experiência, evoluíram de algum modo.

EU: Suponho que, neste caso, se as entidades envolvidas realmente são uma só e a mesma consigo mesmas e com seu ambiente e também são verdadeiramente onipotentes, iriam se comportar de maneira civilizada.

SE2: A descrição correta seria que se comportariam de maneira altamente evoluída, pois cada uma delas conhece o poder que possuem individual, coletiva e ambientalmente. Conhecem sua função dentro do ambiente e do grupo e não têm nada a ganhar ou a perder isoladamente. No entanto, tiveram alguns experimentos nos quais apenas uma ou duas delas se dividiram do todo e trabalharam sozinhas.

EU: Qual foi o resultado desses experimentos?

SE2: Que elas são mais eficientes em evoluir fazendo as coisas como um todo. Elas acharam a evolução individual um conceito interessante, mas prejudicial para a evolução do todo.

Ambiente 2—O princípio da expulsão

EU: Muito bem, vamos passar para o segundo ambiente que você criou. Que limitações você impôs ao ambiente e a seus habitantes?

SE2: Neste caso, permiti que tivessem a oportunidade de retornar à sua fonte, caso desejassem. Elas também poderiam (podem) voltar à singularidade caso desejassem. Nisto, são semelhantes a vocês, mas apenas nisto.

EU: O que quer dizer isso?

SE2: Que não possuem livre arbítrio como vocês.

EU: E que outras limitações elas teriam?

SE2: Elas não são onipotentes em seu próprio ambiente como as entidades do primeiro ambiente. Podem criar e podem destruir, mas não podem manipular seu próprio ambiente, de forma alguma. Além disso, estão limitadas a uma dimensão e uma frequência, algo similar a vocês em sua condição física. Uma limitação final é que elas precisam trabalhar e existir como múltiplos, ou seja, para cada um de vocês, há quatro ou cinco delas.

EU: Mas nós podemos encarnar em até doze veículos físicos ao mesmo tempo! (Eu tinha recebido isto numa meditação rápida anterior. Foi outro uso do número doze.)

SE2: Isso é verdade no seu caso, mas eu não trabalhei do mesmo modo que sua Entidade Fonte. Além disso, enquanto vocês podem encarnar em até doze veículos separados em tantas dimensões ou universos diferentes, elas se limitam ao mesmo universo e ao mesmo local. Mais restritivo ainda é o fato de que precisam trabalhar juntas para terem suas experiências e buscam sua evolução em grupo, embora não sejam aquilo que você chamaria de "alma grupo".

EU: Então, elas estão espalhadas por diferentes civilizações: um grupo aqui, um grupo ali, algumas povoando um planeta, algumas povoando uma galáxia. Um grupo se comunica com outro grupo que decidiu existir num planeta, sistema solar ou galáxia próximos?

SE2: Muitas perguntas numa mesma frase.

EU: Desculpe.

SE2: Primeiro, deixe-me passar um pouco mais sobre esse ambiente. Embora, no sentido físico, equivalha em volume ao primeiro, ele não é equivalente em dimensionalidade, o que também afeta o físico. Isso faz sentido para você ou parece absurdo?

EU: Prossiga; acho que sei do que você está falando.

SE2: Talvez você saiba, mas vou explicar para o seu público. Vocês são felizes por terem um multiverso multidimensional para trabalhar; os seres no meu segundo ambiente não têm. Por isso, não têm acesso aos níveis físicos situados acima dos níveis físicos onde vocês existem atualmente. Logo, com efeito, esses seres estão limitados à fisicalidade do ambiente onde existem. Não podem ir acima ou abaixo dele. Sei que vocês não podem descer além do nível físico em que se encontram. Vocês estão na parte mais baixa, mas podem ir para cima. Repito, aqueles no ambiente um também não podem. Neste sentido, vocês são afortunados.

EU: Então, são cativos de certo ambiente onde existem—o ambiente que você criou, algo com que precisam trabalhar.

SE2: Sim, seria isso.

EU: Muito bem, vamos em frente. Posso voltar a aquilo que eles realizaram como civilização?

SE2: Claro. Mas você precisa entender que as pistas que usa em sua existência física para definir uma civilização e do que ela precisa fazer para existir são totalmente diferentes daquilo que esta raça consideraria como uma civilização.

EU: Como assim?

SE2: Você poderia considerar algumas de suas ações como próprias de um mundo subdesenvolvido.

EU: Está tentando me dizer que eles são selvagens?

SE2: Não, não são, pelo menos não no sentido que você pensa. Entenda, a civilização deles é muito, muito básica. Limitam-se a um nível de frequências que você chamaria de energéticas, mas eles as consideram físicas.

EU: Por que eles as consideram físicas se nós as consideramos energéticas?

SE2: Porque adotaram uma forma impenetrável para eles—isto é, eles podem sentir resistência total ao seu entorno, a si mesmos e entre eles. Posso ver que você está franzindo a testa; você está pensando que isso significa que eles não são diferentes de vocês em seu ambiente, certo?

EU: Sim, está certo. Eu teria pensado que eles precisavam estar encarnados para serem "físicos".

SE2: A fisicalidade é uma expectativa que você tem com base em seu nível de experiência atual. Você tem um nível similar de expectativa quanto ao registro e reconhecimento de eventos que são individuais e pessoais de cada entidade e seus arredores. Você chama isso de "tempo". Saiba de uma coisa: tudo que existe neste segundo ambiente é energético, mas tem o que você chamaria de um aspecto "físico". Não quer dizer que essas entidades estão sujeitas aos mesmos níveis de limitação que você; não estão. Elas podem criar estruturas nas áreas em que se concentram—ou seja, nos pontos de seu universo onde tendem a existir ou gostam de ficar quando estão juntas em grupos formados por grupos onde vivenciam a existência. Lembre-se, são múltiplos dos grupos de quatro ou cinco dos quais fazem parte em sua esfera de evolução e de experiência. Elas podem usar essas estruturas para recreação, aprendizado ou troca de experiências. A área na qual você poderia chamá-las de incivilizadas entra em cena quando um ou dois membros do grupo, ou o grupo todo, não está progredindo. Neste caso, elas são "postas para fora" do grupo (ou dos grupos) que está no mesmo nível evolutivo ou de experiência. São expulsas para se defenderem sozinhas; não permitem que voltem ao grupo ou aos grupos.

EU: Você disse que são expulsas! Isso é para sempre?

SE2: Sim, é. Embora possam formar grupos constituídos por outras que foram expulsas.

EU: Espere aí. Acabei de entender o que você está dizendo. Há entidades que são expulsas de seu ambiente evolutivo principal simplesmente porque se considera que não estão progredindo tão bem quanto alguns ou todos os outros membros do grupo. Correto?

SE2: Sim.

EU: Isso não é muito espiritual, é? Quero dizer, não é amoroso! Não é amoroso com as entidades que você criou. Na verdade, do ponto onde estou, isso me parece ser muito draconiano.

SE: Esta é uma das coisas com que você terá de se acostumar quando lidar com as outras Entidades Fontes. Ou seja, elas podem usar, e vão usar, métodos de progresso e evolução muito diferentes daqueles que você está experimentando em seu ambiente.

EU: Certo, me desculpe. *Estava esperando ver tudo que vem da Origem envolvido em amor e luz e cheio de coelhinhos fofinhos e rosados.*

SE2: Agora, estou entendendo sua posição. Você quer que eu filtre a minha comunicação com você e só lhe apresente aquilo que se encaixa na categoria que você espera?

EU: Não, não. Isso não daria uma imagem correta aos buscadores da verdade.

SE2: Muito bem, deixe-me explicar este processo de "expulsão" de outro modo, pois percebi que isso o perturbou significativamente.

EU: Prossiga.

SE2: Talvez você tenha lido alguma coisa no uso da palavra "expulsão" que não foi intencional.

EU: É possível. Você vai precisar lidar com minha capacidade muito limitada de comunicação.

SE2: Sim, vejo que será um desafio. Entretanto, vou continuar a me comunicar com você. Essas entidades que são expulsas saem do grupo tanto a pedido do grupo quanto por vontade própria. Tanto o grupo quanto a entidade que não está progredindo percebem que o melhor para as duas partes é a separação. Com isto, ambas podem progredir no seu próprio ritmo. É um método muito eficiente. Você precisa entender isto de maneira diferente; no seu multiverso, você é singular em sua evolução. Você sucede e é sucedido por entidades que são mais lentas ou mais rápidas do que você em sua progressão evolutiva. Sua evolução é pessoal. Você deseja o bem daqueles que você ultrapassa e boa sorte para aqueles que o ultrapassam. Este é o modo de ser do seu multiverso. O meu é similar, só que as entidades neste ambiente específico operam em grupos. Deixe-me esclarecer outra coisa. O processo de "expulsão" também é usado com entidades que parecem ultrapassar seu grupo. Isso é feito para que possam encontrar um grupo com progresso similar ao seu, embora, como você pode imaginar, seja uma ocorrência mais rara, pois a principal razão para se estar no grupo é progredir como grupo e não como entidade individual.

EU: Você disse que são expulsos para sempre. Então, o que você quis dizer com isso?

SE2: Que nunca poderão voltar ao grupo do qual saíram, pois ou o grupo os ultrapassou, ou eles ultrapassaram o grupo.

No caso de terem ultrapassado o grupo, eles têm a oportunidade limitada de novo progresso a curto prazo, pois uma das primeiras coisas que precisam fazer é encontrar um novo grupo, o que, como disse antes, é difícil de se fazer, pois estão distantes e são poucos. Não podem progredir sem um grupo, e por isso devem passar o resto do seu tempo na qualidade de expulsos procurando um grupo que tenha um nível de progresso semelhante ao deles. Depois de identificarem um grupo que seja adequado, precisam negociar para que permitam sua entrada.

EU: Por que precisam negociar?

SE2: Porque em alguns casos, na verdade, podem reduzir o nível de progresso do grupo no qual desejam entrar, mesmo que seja um pouco, ou podem até aumentar esse nível. Como você pode imaginar, é difícil encontrar um grupo que seja exatamente o mesmo em termos de seu "nível individual de progresso" como expulso. No caso da entidade que foi expulsa por falta de progresso, encontrar um novo grupo para trabalhar deve ser mais difícil ainda, especialmente se a entidade progride muito lentamente. Neste caso, a entidade pode vagar pelo ambiente "sem grupo" durante milênios (segundo vocês o entenderiam). Neste caso, a melhor oportunidade é criar um novo grupo, trabalhando com outras entidades em posição similar. Todavia, como disse antes, aqui também haverá um nível de negociação, pois uma das entidades terá, sem dúvida, progresso mais rápido do que a outra, mesmo que a diferença seja muito pequena. Unir essas entidades temporariamente singulares vai fazer com que uma delas reduza seu nível de progresso até o ponto médio das duas entidades. Isto significa que a entidade em nível inferior se beneficia nessa colaboração, pois seu nível vai aumentar, criando um nível de dependência entre as duas. Essa é a formação correta e formal de um novo grupo reconhecido, um grupo de dois, um grupo que vai atrair outras entidades singulares e, portanto, crescer até o tamanho ideal para que o grupo tenha a oportunidade de progredir em sua evolução. Assim, como pode ver, não é tão ruim ter sido expulso. É um processo natural da evolução dos grupos, algo que é padrão neste ambiente.

EU: Há alguns instantes, neste diálogo, você mencionou grupos de grupos. Isto significa que os grupos podem se unir para fins evolutivos?

SE2: Sim, claro. Esta é uma das funções primárias do progresso. Grupos de níveis de progresso similar podem se reunir, tal como entidades singulares se reúnem para formar um grupo singular. Isto lhes permite compartilhar experiências evolutivas dos dois grupos e trabalhar nas oportunidades que se apresentam, permitindo que ocorra a dinâmica entre os grupos.

EU: Como é essa dinâmica entre os grupos?

SE2: Há três tipos principais de dinâmica entre os grupos. O primeiro tipo é a interação como grupos e entre grupos, onde os grupos trabalham e atuam como se fossem uma única entidade, que é, de fato, o que deveriam ser. O segundo tipo reúne dois grupos ou mais trabalhando juntos, permitindo que cada entidade que constitui os grupos se mova de um grupo para outro à vontade. Os grupos parecem se mesclar no ponto da interação, e dobram ou triplicam de tamanho enquanto a dinâmica está acontecendo. Isto permite uma troca de experiências individuais fora do grupo normal das entidades. A terceira interação é uma mescla das duas mencionadas antes. Ou seja, três, quatro ou mais grupos interagem juntos, tanto como grupos quanto como entidades individuais, com as entidades movendo-se regularmente entre um ou mais grupos fora do seu próprio grupo principal. Nesta última interação, muitas oportunidades evolutivas podem progredir, pois todos os grupos parecem perder sua identidade de grupo individual em algum momento, e às vezes formam-se grupos completamente novos. Neste caso, tanto a interação de grupos quanto a de entidades individuais dentro de diferentes interações de grupo acontecem ao mesmo tempo, o que dá a aparência visual de uma massa ondulante de movimento de entidades, resultando na forma e no amorfo, no temporizado e no atemporal, na frequência e na ausência de frequência, na dimensão e na ausência de dimensão, todos se entrelaçando e entremeando. É muito bonito de se ver.

EU: Isso que você acabou de descrever também pode ser usado para descrever o que acontece em nosso planeta, a Terra, pois temos interações entre indivíduos, famílias, comunidades locais, países e civilizações, juntamente com as migrações entre todos eles.

SE2: Até certo ponto, sim, mas em comparação com minhas dinâmicas e interações de grupos, seus países, civilizações, comunidades etc., são unidimensionais (1D).

EU: Mas nós somos tridimensionais.

SE2: Sim, mas em termos comparativos, vocês pareceriam unidimensionais.

EU: O que você quer dizer com unidimensionais?

SE2: Como eles estão numa dimensão e frequência básicas diferentes das suas, são naturalmente mais expansivos, embora tenham fisicalidade entre eles. Assim, quando me refiro a vocês (a raça humana) como unidimensional, estou tentando ilustrar suas limitações em comparação com as deles. Por exemplo, se eles se apresentassem em seu universo, galáxia, dimensão e frequência, vocês não seriam capazes de detectá-los, mesmo com suas máquinas de detecção, pois suas máquinas não estão calibradas para sentir a essência de sua fisicalidade, que, para vocês, não é física.

Ambiente 3—Um ambiente para mudanças

EU: Gostaria de falar do terceiro ambiente que você criou. Como ele difere dos dois primeiros?

SE2: O Ambiente 1 é fechado para todos, exceto para as entidades que existem nele. Como disse antes, elas possuem as mesmas capacidades (se preferir, "poder") que eu. Elas não podem voltar à sua Fonte, eu.

O Ambiente 2 tem uma dimensão e uma frequência, e, embora as entidades possam voltar para mim a qualquer momento, precisam trabalhar e evoluir em grupos ou grupos de grupos. Existem numa densidade mais sutil que a da humanidade.

O Ambiente 3 também é diferente. Sua natureza é o que vocês chamariam de "fluida".

EU: Quer dizer que ela é cheia de água ou de algum outro líquido?

SE2: Não, não. Ao dizer fluida, refiro-me ao fato de mudar constantemente.

EU: *De que maneira ela muda constantemente? Em dimensão? Em frequência? Ela está na fisicalidade?*

SE2: Quase isso. Na verdade, ela muda de uma forma que vocês teriam dificuldade para entender.

EU: *Teste-me.*

SE2: Certo. Ela muda em atratividade rotacional. Percebo que você franziu a testa novamente.

EU: *É verdade; estou tentando deduzir o que isso significa. Poderia descrever isso em termos leigos, por favor?*

SE2: Neste ambiente, tudo possui uma força que chamo de "atratividade rotacional"; vocês poderiam chamá-la de gravidade, mas não é. Neste caso, atratividade rotacional é a função aleatória que ocorre neste ambiente, fazendo com que uma entidade deslise descontroladamente de uma dimensão ou frequência para outra num momento específico de sua existência, em função de sua atratividade natural por aquela dimensão ou frequência. Com atratividade rotacional, quero dizer que as dimensões acima e abaixo da posição da entidade em questão têm um componente rotacional peculiar a certa frequência ou dimensão. Você pode chamá-la de "velocidade dos componentes energéticos" que constituem a entidade.

EU: *Como é possível descrever rotação como velocidade?*

SE2: Os componentes energéticos associados movem-se acima e ao redor um do outro. Em alguns casos, a configuração dessas energias se ajusta melhor a outra condição ambiental do que a atual, sendo, portanto, atraído por aquela. Se o nível de atração for compatível com uma quantidade suficiente de componentes energéticos da entidade em questão, ela modifica os componentes restantes e passa para o ambiente dimensional ou frequencial seguinte, ou seja, aquele pelo qual foi atraída.

EU: *Deve ser um modo bem difícil de se viver.*

SE2: Por quê?

EU: *Porque a entidade que passa, digamos, de um "ambiente rotacional" para outro teria de começar de novo sempre que muda de ambiente.*

SE2: Você está pensando novamente em termos de sua própria dimensão e frequência. As entidades que existem no terceiro ambiente sabem quando estão perto de serem movidas de um tipo de ambiente rotacional para outro. Como resultado, elas se preparam para a mudança e resolvem/limpam tudo que começaram em seu ambiente atual. E mais: ficando mais e mais alinhadas com sua próxima existência rotacional, percebem as limitações ou capacidades que terão. Como resultado, e até certo ponto, podem planejar antecipadamente aquilo que podem realizar em termos evolutivos antes de fazerem a mudança.

EU: Mas deve ser parecido com mudar-se e perder todos os seus bens, seu trabalho e sua casa ao mesmo tempo e com frequência.

SE2: Não é bem assim, pois essas entidades não precisam trabalhar para se sustentar. Não precisam comprar comida, roupas ou abrigo. Existem num ambiente que muda constantemente, e, por isso, precisam ser independentes dessas restrições.

EU: Elas trabalham sozinhos ou trabalham em grupos, como as entidades do segundo ambiente?

SE2: Trabalham sozinhas para elas mesmas, mas podem trabalhar com outras entidades visando o avanço mútuo, caso desejem. Naturalmente, porém, isto costuma durar apenas o tempo em que uma delas está naquele ambiente rotacional.

EU: Uma entidade pode seguir a outra até outro ambiente rotacional?

SE2: Não, não de bom grado, mas podem continuar a trabalhar juntas caso se detectarem mais tarde. Como pode imaginar, as chances disto acontecer são limitadas.

EU: Mas imagino que não seja impossível.

SE2: Não, não é impossível, mas improvável, especialmente porque a maioria das entidades planeja um trabalho que costuma ser pequeno o suficiente para ser contido na existência mais curta de seu atual ambiente rotacional.

EU: E como a entidade sabe de quanto tempo dispõe e como sabe se outra entidade tem tempo suficiente naquele ambiente para formarem uma parceria e trabalharem até concluir o trabalho de modo satisfatório?

SE2: Cada entidade tem uma assinatura energética relevante para seu atual ambiente rotacional e para aquele ao qual vai se dirigir. Pense nisso como uma ampulheta com areia escorrendo de um lado da bolha de vidro para o outro através da pecinha de vidro que os conecta. O lado superior do vidro é onde estão agora e o lado inferior é aquele para o qual estão sendo atraídas. É esta assinatura que cada entidade consegue sentir em termos do atual ambiente rotacional; o problema é que não sabem dizer qual será o próximo ambiente.

EU: Então, se eu fosse uma entidade nesse ambiente, como eu sentiria a longevidade da entidade ao meu lado?

SE2: Você simplesmente saberia. Percebi que esta frase não bastou para você.

EU: Não. Você mencionou a ampulheta como exemplo, mas este foi um exemplo de assinatura energética. Uma entidade precisa ter algum tipo de representação—visual, por exemplo—que permita a identificação rápida da longevidade.

SE2: Sim, há. A melhor maneira de descrevê-la em termos que você pode compreender no plano físico é dizer que elas têm uma cor associada ao tempo que lhes resta em seu ambiente atual. Naturalmente, há muitas outras cores disponíveis do que aquelas em seu espectro visível, mas uma boa analogia seria a mudança de cor do infravermelho ao ultravioleta. Como exemplo preciso, é inadequado, mas vai servir por enquanto.

EU: Então, em termos simplistas, eles passam do vermelho para o azul ou do branco para o preto.

SE2: Se isto o ajuda a entender, então está ótimo.

EU: E em que as entidades do Ambiente 3 trabalham para ajudá-las a evoluir, e há um número suficiente delas agrupadas para criar uma civilização?

SE2: Percebi que você está encantado com a necessidade de ser civilizado segundo você entende isto no plano físico. Não, nem precisa responder. Está escrito no seu rosto, digamos assim. Sua Entidade Fonte me disse que esse é um desejo comum, uma coisa que todos vocês têm dificuldade para deixar de lado.

Mmm, terei de lhe explicar as regras gerais simples que peço que minhas criações sigam em seu trabalho:

- Evolua através da experimentação e da experiência.
- Trabalhem juntas quando necessário.

- Não criem nada que possa ser prejudicial a vocês mesmas ou às outras.
- Seja útil (vocês também têm esta regra de trabalho).
- Não causem mal às outras intencionalmente.
- O que conta é a qualidade da experiência, não a velocidade com que você tem a experiência.

EU: Essa última regra é muito boa mesmo. Nós deveríamos adotá-la em nossa existência física.
SE2: Se todos vocês conseguissem adotá-la, beneficiaria muito todos vocês. Mas vamos voltar às respostas às suas perguntas.

Minhas criações no terceiro ambiente são independentes da necessidade de se unirem para existir, puramente porque não estão localizadas num único lugar apenas. Como acontece com todas as minhas criações em todos os meus ambientes, elas são criaturas do universo em que existem, e, como tal, têm acesso a todo ele, sem exceção. As únicas limitações que têm neste sentido são as que elas mesmas se impõem como parte de seus planos evolutivos. Se um número suficiente delas ficar num ambiente específico por tempo suficiente para perceber que seu trabalho conjunto num grupo grande é vantajoso para todas, então elas se agrupam; do contrário, limitam suas interações a uma ou duas. Nunca haverá um grupo grande o suficiente para criar uma civilização no sentido que você conhece, pois isso não é um requerimento para a evolução, tal como no seu caso. Em termos daquilo em que trabalham, vocês não entenderiam a maior parte dele. Basta dizer que experimentam coisas que só podem ser experimentadas mudando-se continuamente o ambiente e o nível de atratividade que ele exerce sobre elas.

Ambiente 4—Um ambiente consciente de sua própria existência

EU: Certo, fale-me do quarto e último ambiente que você criou. Que limitações você impôs a este universo?
SE2: O quarto ambiente teve a oportunidade de evoluir sozinho. Ou seja, não criei pessoalmente nenhuma entidade para existir nesse ambiente, o que, naturalmente, é uma estratégia diferente daquela que usei na criação dos outros ambientes.

EU: *Espere aí. Você está dizendo que o ambiente evoluiu sozinho e criou suas próprias entidades?*

SE2: Resumindo, sim, embora não tenha sido especificamente isso que aconteceu. O ambiente em si foi criado e recebeu a oportunidade de se tornar consciente sozinho e no seu próprio ritmo, digamos assim. Foi, em essência, como eu: energia que ganhou senciência e individualidade, enquanto os outros ambientes são apenas isso, ambientes sem senciência. A senciência é dada às entidades que criei especificamente para existir no ambiente. O Ambiente 4 recebeu como presente a individualidade e a oportunidade de evoluir por direito próprio.

EU: *Estou tendo a impressão de que nesse caso você copiou a Origem, por falta de expressão melhor. A Origem deu às doze Entidades Fontes, você, parte de seu volume para lhes dar individualidade e a oportunidade de evoluírem à sua própria maneira. No caso do Ambiente 4, você lhe deu a mesma oportunidade que a Origem lhe deu, um pouco de seu próprio volume e um meio de se tornar consciente de si mesmo, e, assim, de conquistar um nível de senciência.*

SE2: Correto. É um projeto muito interessante e que gerou muitos frutos do ponto de vista evolutivo.

EU: *E como você orientou o Ambiente 4 em sua tarefa de existência?*

SE2: Da mesma maneira que a Origem me deu um conjunto de regras para trabalhar. Na verdade, são idênticas. Foi a melhor maneira de proceder neste caso.

EU: *Quanto tempo levou até o Ambiente 4 ficar consciente?*

SE2: Você está sempre se referindo ao tempo; sua Entidade Fonte me avisou sobre essa característica e disse que essa é uma de suas maiores limitações.

EU: *Sinto muito, mas é um dos métodos pelos quais a humanidade do multiverso de nossa Entidade Fonte consegue diferenciar entre o advento de determinado número de eventos e o relacionamento entre eles. Também é um dado que os leitores deste texto vão usar como ferramenta para tentar compreender os detalhes daquilo que estamos discutindo.*

SE2: Se facilita as coisas para você, vou usá-lo, embora o tempo seja um não-conceito. Não significa nada.

EU: *Certo, eu entendo.*

SE2: Sim, creio que você entende, num nível profundo e fundamental—o nível que é o seu eu verdadeiro, seu eu energético. Vamos em frente. Ao criar o Ambiente 4 dessa maneira, eu lhe dei a "minha" essência. Em alguns aspectos, isso o ajudou em seu caminho rumo à consciência. Como resultado, ele estabeleceu sua consciência bem depressa. Segundo sua medida de tempo, isso seria cerca de um bilhão de anos. Eu também percebi que a consciência se concentrou numa área de energia mais densa, onde a distribuição energética do ambiente estava irregular ou desigual. Na verdade, o ambiente tornou-se consciente com um tipo de energia de constituição similar.

EU: Acabei de receber a imagem de uma nuvem escura de energia dentro da bolha do Ambiente 4—a nuvem escura é a energia que se tornou consciente primeiro. Esta energia mais escura ainda está distribuída por todo o volume que forma o Ambiente 4. É que esta área estava mais densa e acabou ficando no centro da consciência.

SE2: Muito bem, está certo. O resto do ambiente também ganhou consciência, mas num ritmo mais lento. Foi parecido com vocês logo que acordam. Primeiro, você percebe apenas os seus pensamentos, e depois começa a sentir certas partes do corpo, algumas antes de outras. Finalmente, você tem consciência plena do seu corpo e mexe os membros à vontade, sem pensamentos preconcebidos. Foi exatamente assim que o Ambiente 4 se tornou consciente. Primeiro, ele estava no centro da nuvem de energia escura. Depois, à medida que a percepção de si mesmo se espalhou, ele ficou mais expansivo e começou a incluir o resto da energia escura espalhada pela bolha ambiental. Com o tempo, ele também incluiu as outras energias presentes, tornando-se uma entidade ambiental completa por direito próprio—plenamente consciente de sua existência, sua composição, sua localização e suas habilidades.

EU: Como ele conseguiu se conscientizar de suas habilidades logo no início de sua existência?

SE2: Como disse antes, ele possuía a minha essência, e como resultado de sua percepção crescente, ele também adquiriu o conhecimento de seus atributos e habilidades pessoais. Embora, nesse momento de sua existência, fossem um pouco rudimentares, foram suficientes para dar início às funções de nível superior de uma entidade que não estava limitada em sua capacidade criativa aos confins daquilo que eu lhe havia dado. Na verdade, ele determinou rapidamente o que poderia e o que não poderia fazer. As habilidades que não poderia realizar eram função de sua capacidade de controlar e trabalhar com as energias que formavam seu volume, vamos dizer. Portanto, à medida que se compreendeu mais e mais, obteve mais e mais experiência, e, como resultado, expandiu suas habilidades criativas.

EU: Portanto, sua capacidade cresceu com o aumento de sua consciência.

SE2: Correto. Quando ele atingiu um ponto em que percebeu que fazia parte de uma entidade muito maior, e, portanto, começou a explorar seus limites, resolvi tornar conhecida a minha presença e orientei o Ambiente 4 em seu papel na vida, por assim dizer.

EU: Então, neste ponto você conseguiu trabalhar com o Ambiente 4, pois ele estava num nível de consciência que lhe permitiu compreender o que você estava transmitindo.

SE2: Sim. Ele precisava estar neste ponto por duas razões. Primeiro, tinha de ter consciência suficiente para permitir um nível robusto de compreensão, e, segundo, tinha de ser jovem o suficiente para não questionar sua posição no universo e sair em uma tangente para o que eu queria alcançar.

EU: Você está sugerindo que existe um período de tempo ideal para intervir e dar conselhos sobre o papel de uma entidade na existência?

SE2: Com certeza. Entenda o seguinte. Se uma entidade recebe orientação sobre seu papel cedo demais, logo depois que desperta, esse tempo durante o qual ela está se tornando o que ela é, então ela não vai reconhecer plenamente o que você está lhe dizendo e não vai dar a isso o nível de importância que isso merece. Se, por outro lado, você esperar demais no processo de despertar, a entidade desenvolve independência demais, provavelmente questiona a necessidade do papel que lhe é atribuído e tende a se rebelar. Embora, em face disso, deixar uma entidade ter essa experiência seja um experimento interessante de se realizar e observar, isso não está na minha agenda de experiências evolutivas neste momento de minha existência.

EU: Devo admitir que fiquei um pouco surpreso pelo fato de uma entidade precisar ser orientada dessa maneira e de haver um período ideal no qual isso deve (ou precisa) ser feito. Eu teria dado a uma entidade desse porte e capacidade mais credibilidade.

SE2: (Pausa) Desculpe-me. Acabei de sondar a sua memória para entender melhor vocês e seu ambiente. Tudo bem para você?

EU: Sim.

SE2: Muito bom, pois isso vai me ajudar a responder melhor às suas perguntas. Pense na criança humana. Se você lhe der muita liberdade, ela não vai respeitá-lo. Se você for severo demais, ela vai considerá-lo um tirano. As duas reações farão com que ela o despreze. O mesmo acontece com qualquer entidade. Por mais expansiva e poderosa que seja, ela ainda é imatura. Ela não experimentou nada, não aprendeu nada, não começou sua evolução e não tem moral ou compreensão do que é certo se fazer e do que é prejudicial. Observe que eu não disse "do que é errado", pois não existe nada de errado, uma vez que tudo é experiência e evolução.

EU: Então, você está dizendo que embora uma entidade possa ser tão grande quanto o quarto ambiente, sua natureza ainda é juvenil.

SE2: Em resumo, sim, mas não me interprete mal. O nível de juvenilidade é completamente diferente daquilo que você espera e vivencia em sua existência humana física, pois ela ainda seria considerada um deus, mesmo pela entidade mais evoluída de seu universo.

EU: O.K., acho que agora eu compreendi a necessidade de ser preciso no ponto de intervenção do despertar de uma nova entidade.

SE2: Tenho outra coisa a acrescentar. O ponto de intervenção também é importante por causa da capacidade da entidade absorver as informações que serão dadas. Isto ocorre além do resumo sobre seu papel na existência.

EU: Que informações você lhe deu?

SE2: No caso do Ambiente 4, uma parcela do aprendizado que tive durante a minha existência—o suficiente para lhe dar um empurrãozinho. Eu poderia tê-lo deixado totalmente por conta própria, mas isso não teria sido propício ao meu plano. E o plano era que o Ambiente 4 tivesse a "minha" essência. No caso das outras entidades, dei-lhes informações baseadas na memória, suficientes para amparar o resumo que lhes dei. Deste modo, elas compreendem plenamente aquilo que lhes peço e são capazes de "começar a todo vapor" desde cedo, como vocês diriam.

EU: Então, se entendi direito, a ideia da intervenção é um ponto no começo da existência da entidade no qual ela ainda não formou sua própria base de conhecimentos e, por isso, não pode rejeitar as informações que você lhe dá, pois ela estaria comparando os dois conjuntos de informação o tempo todo.

SE2: Correto. As memórias que implanto precisam ser aceitas como dela própria, e isto não pode ser feito depois que ela começa a acumular suas próprias memórias.

EU: Certo. Podemos avançar um pouco?

SE2: Claro.

EU: Pelo que estou vendo, o quarto ambiente é um experimento único. Quero dizer, atribuir senciência a um universo inteiro—isso é um passo e tanto.

SE2: Não é tão único quanto você pensa. Neste caso, tudo que fiz foi dar à energia que chamo de quarto ambiente a "minha" essência e a oportunidade de criar por conta própria. Isso foi feito em preferência à minha criação de um ambiente, povoando-o depois com outras entidades menores. Mesmo neste segundo cenário, o próprio ambiente, em algum ponto de sua existência, acumulará certo nível de consciência. Isto é normal e é esperado, pois toda energia tem a capacidade de obter consciência caso tenha tempo suficiente para se estabilizar, atrair energias similares e aumentar de volume.

EU: Então, você está dizendo que toda energia pode ser senciente de alguma forma, maneira ou modo?

SE2: No meu plano, sim, e sua própria Entidade Fonte permitiu que seu universo tenha certo nível de percepção. É que vocês não o reconhecem em seu estado atual. A única coisa que vocês precisam entender é isto: ambientes que desenvolvem percepção e senciência ainda fazem parte do todo maior—neste caso, uma das outras Entidades Fontes ou de mim, nós também parte do todo maior da Origem. Eles nunca se tornam PLENAMENTE individuais, a ponto de se separarem da entidade originária. O pequeno nível de individualidade conquistado pelo ambiente como resultado de sua elevação ao status de senciente está meramente localizado na energia que eu ou qualquer uma das outras Entidades Fontes separaram de nossos eus. É uma subseção de nossa energia, e, por isto, tem função separada, mas aplicação integral. Não perco a inteireza como resultado da separação. Dar individualidade a um ambiente não reduz minha inteireza, pois é um processo similar a aquele que uso para criar as entidades menores que povoam os outros ambientes que criei.

Estou vendo que sua testa está enrugada.

Os ambientes são como meus órgãos principais, e as entidades menores são como as células que constituem esses órgãos. Pense nisso como um de seus próprios órgãos—seu cérebro, por exemplo. Você acha que sua senciência, seu intelecto, sua individualidade está localizada centralmente no órgão que você chama de cérebro. Não é assim. Na verdade, sua parte energética é seu verdadeiro eu, e a parte associada a este veículo físico é uma pequena parte de seu verdadeiro eu. No entanto, essa sua parte está associada com a totalidade do corpo físico e não apenas com o cérebro; é que vocês atribuem ao cérebro o poder do pensamento individual, quando, na verdade, o pensamento individual provém do energético. Se você se der tempo para escutar o resto dos componentes do seu corpo, vai perceber que todos têm um nível de inteligência. Todos têm uma função individual. Atualmente, vocês reconhecem a personalidade do eu físico como sendo a "pessoa". Vocês centralizam a mente no cérebro quando, na verdade, a mente é seu todo, físico e energético, embora o físico seja transitório.

A capacidade de reconhecer que a soma das funções das partes individuais é que cria o self, o si mesmo. Isso dá a uma entidade a compreensão da vantagem evolutiva disponível pela criação de partes menores de si mesma dentro de si mesma, o que lhe dá individualidade e a capacidade de evoluir como indivíduo. Em essência, torno-me mais o resultado de dar individualidade a uma parte de mim mesmo, pois a energia pessoal que recebe individualidade permanece como uma parte sólida do todo. Seu fígado é individual, mas faz parte do todo. Seu coração é individual, mas parte do todo. Seu pâncreas é individual, mas é parte do todo, e seus pulmões são individuais, mas parte do todo.

Seu corpo físico é um excelente exemplo daquilo que descrevo; é um microcosmo do macrocosmo.

Então, simplificando: dar individualidade a um volume de energia do tamanho de um ambiente universal não é diferente de dar individualidade a uma entidade com seu volume de energia. A subdivisão de energia dentro da energia, dando-lhe individualidade, não resulta na redução do tamanho da entidade original. Ela se mantém como parte do todo. Isto explica esse conceito para você?

EU:Sim, explica. Obrigado. No começo deste diálogo, falamos das limitações que você aplicou aos ambientes que criou. Que outras limitações você impôs ao Ambiente 4?

SE2: O quarto ambiente também foi limitado em fisicalidade. Com isto, quero dizer que o ambiente é puramente energético, e não é possível para as entidades criadas pelo ambiente e que existem nele afetarem-se mutuamente como vocês fazem pelo tato ou sensação. Seriam como gases que se misturam, mas sem formar um novo gás.

EU: Como assim?

SE2: No multiverso do qual você faz parte, você pode misturar materiais para obter aquilo que vocês chamam de ligas. Vocês fazem isso com diversos graus de facilidade ou dificuldade. Vocês têm até uma liga gasosa que chamam de ar, embora seja formada por muitas partes e não seja de fato uma liga no sentido dos materiais mais duros, como bronze ou alumínio. O ar é uma liga que ocorre naturalmente e não é o produto da fusão de materiais no nível atômico para criar um novo material. Na verdade, o ar é um bom exemplo da maneira como entidades diferentes interagem no nível físico sem se mesclarem para criar uma nova entidade.

EU: Poderia explicar um pouco melhor?

SE2: Sim, claro. As entidades deste ambiente são puramente energéticas. Por isso, sua frequência é superior à de seus veículos físicos. Todas ressoam de maneira diferente. A maneira como ressoam é específica de cada uma delas; por isso, elas não conseguem aumentar ou diminuir sua frequência até um nível em que podem estar em sincronicidade com outra entidade.

EU: Então, você poderia dizer que elas têm sua própria assinatura.

SE2: Não, assinatura individual da entidade e frequência de ressonância são coisas diferentes neste ambiente, embora eu possa entender o que você pensou. Isso funciona bem no seu ambiente natal. No entanto, não é o caso neste ambiente, pois as limitações impostas a ele ditam que isso não é possível. A frequência de ressonância de uma entidade é o produto de sua constituição básica. Cada entidade individual possui uma frequência de ressonância única, mas não é isto que se usa para distinguir uma da outra, pois elas não têm consciência de sua própria frequência. Elas usam um método de pulsação—o que vocês chamam de "luz".

EU: *Puxa, isso é interessante. Nós podemos ver a luz com nossos olhos físicos.*

SE2: Mas vocês não conseguiriam ver esta luz, pois sua natureza é completamente diferente. Vocês têm luz nos dois extremos de seu espectro físico visível, não têm?

EU: *Sim, nós os chamamos de ultravioleta e infravermelho.*

SE2: E vocês não conseguem enxergar seus comprimentos de onda com seus olhos físicos.

EU: *Não, mas podemos detectá-la com nossos instrumentos. Também podemos ver a luz infravermelha se usarmos a tela ou o visor de uma câmera digital, pois os dispositivos de carga acoplada (Matriz CCD) usados pela câmera para detectar as diferentes frequências luminosas e níveis de luminância são sensíveis a comprimentos de onda que não conseguimos ver com nossos olhos físicos, mas são, ainda assim, apresentados novamente ao observador por meio da tela da câmera digital. São detectados, e por isso interpretados e exibidos.*

SE2: Bem, se você tiver uma matriz CCD sensível a frequências acima de 200.000 do que você chama de nanômetros, poderá ser capaz de detectar a luz que as entidades do Ambiente 4 usam para se diferenciarem mutuamente.

EU: *Elas usam essa luz de alta frequência como linguagem?*

SE2: Podem, se quiserem, mas preferem não o fazer, pois esse é um método de comunicação tão ineficiente quanto soprar ar sobre aquela parte do seu corpo que vocês chamam de cordas vocais para criar uma frequência diferente nesse ar, resultando em diversos sons que vocês chamam de "palavras"—um método de comunicação muito ineficaz, se é que já experimentei algum. O uso da luz como forma de comunicação é tão ineficaz quanto esse.

EU: Mas ela viajaria à velocidade da luz!

SE2: A velocidade da luz é variável e não é a constante que você imagina, pois depende da frequência superposta a seu ambiente ou universo.

EU: Como isto é possível? Eu achava que a luz fosse uma das constantes físicas nas quais podemos nos basear.

SE2: A luz não está baseada numa partícula, o fóton?

EU: Sim.

SE2: E como partícula, ele não tem peso e frequência de ressonância?

EU: Você teria de perguntar isso para um físico, mas creio que sim.

SE2: Bem, a resposta é que tem, e, como resultado disto, é facilmente afetada por mudanças de frequência em seu ambiente. Ela também é afetada por aquilo que vocês chamam de "gravidade" e "campos magnéticos".

EU: Acabei de receber uma informação que sugere que isto causa distorções na informação transmitida usando-se a luz.

SE2: Muito bem! Sim, é verdade. Além disso, as entidades do Ambiente 4, por sua própria natureza, acham-se física e espacialmente a imensas distâncias umas das outras, e algumas estão a muitos bilhões do que você chama de "anos-luz" de distância. Por isso, precisam de um método de comunicação que não se limita por restrições físicas, como distância, velocidade, peso e frequência.

EU: E o que elas usam? Telepatia?

SE2: Sim, uma forma de telepatia, embora sejam capazes de muito mais do que a comunicação baseada no pensamento. É que ainda fazem parte do Ambiente 4 e não possuem plena independência ou singularidade.

EU: Estou com dificuldade para compreender o que você está me transmitindo. Sei que você acabou de me mandar a resposta, mas não tenho nada para comparar com ela. Na verdade, o mero fato de pensar em algo para comparar com ela está me deixando muito cansado.

SE2: Sim, compreendo. É que você está tentando estender sua percepção para além de mim, comunicando-se diretamente com aquela parte do quarto ambiente ocupada por essas entidades. O meio de comunicação que você está recebendo poderia ser descrito como algo similar ao seu "som surround", mas para outro meio, não para o som, pois este também é lento.

Neste ponto, tive de fazer uma pausa para descansar, pois a concentração estava intensa. Voltei cerca de duas horas depois com vigor renovado.

EU: Ah, agora eu entendi. Elas têm muitos canais de comunicação e usam o próprio ambiente como base para essa comunicação. Isto tem o efeito de uma única entidade falando consigo mesma. Portanto, elas não se comunicam como entidades singulares quando se comunicam. Comunicam-se como um todo. Elas são o ambiente.

SE2: Bom, bom. Agora, você está alinhado com a frequência apropriada para receber níveis superiores de informação—informação que é totalmente estranha para você.

EU: Tenho ainda a impressão de que todas as entidades que povoam os quatro ambientes que você criou são de natureza energética e não precisam existir na presença de um planeta, estrela ou outro corpo maior.

SE2: Como você pode ver, o corpo físico é uma peculiaridade do seu universo. De modo geral, a projeção do self em frequências tão profundas não é um pré-requisito para o avanço da evolução. Como você observou corretamente, todas as minhas entidades estão baseadas em energia o tempo todo, e as entidades que o Ambiente 4 criou não são exceção à regra. Na verdade, tenho algo a comentar. Nenhuma das minhas entidades experimentou a existência nas frequências que vocês têm. Nisto, vocês são únicos, mesmo em seu próprio universo, pois outras entidades físicas estão numa frequência muito mais elevada.

EU: As entidades do Ambiente 4 vivem em planetas?

SE2: Não, vivem no espaço livre, digamos. Elas não precisam ter um ponto focal para sua existência, pois já dispõem de um—o ambiente que as criou.

EU: Eu teria dificuldade para interagir com elas, pois a maioria de nossas interações no plano físico dependem da capacidade de nos vermos, tocarmos e ouvirmos. Pelo que você me explicou, elas não são capazes de fazer algo ou de usar qualquer um desses sentidos.

SE2: E elas também achariam difícil usá-los. Lembre-se, estas entidades são o produto do pensamento individual de um ambiente, não meu, e por isso estão sujeitas a variações no que seria de se esperar da breve incursão que você fez nos outros três ambientes que criei. As entidades do quarto ambiente estão limitadas por sua fisicalidade, não por sua "natureza física", sua constituição, que tem natureza energética. São capazes de trabalhar umas com as outras e com o ambiente que as criou. São capazes de manter sua individualidade enquanto se mesclam, podem se comunicar de maneira muito eficiente e instantânea, são filhas de uma de minhas maiores criações e isto me deixa muito feliz.

Subitamente, senti que este seria o final de minha comunicação com a Entidade Fonte 2. Ela saiu da minha mente e me senti vazio. Senti que poderia tornar a funcionar sem sentir que as paredes estavam me apertando—uma sensação que deve ter se devido ao imenso volume de informações que eu estava recebendo e tendo de filtrar como texto no meu computador. Foi minha primeira comunicação com outra Entidade Fonte— uma Entidade Fonte que não era a minha criadora. Embora tenhamos falado de seu trabalho e de suas realizações nas últimas semanas, senti que nem tínhamos arranhado a superfície, que eu não tinha conseguido nada. Vi-me fazendo novamente a velha pergunta sobre tudo aquilo valer ou não a pena quando minha própria Entidade Fonte me interrompeu.

SE: Você ficou desapontado.

EU: Eu esperava obter mais informações do que isso. Esperava chegar a um nível no qual poderia perguntar como eram as civilizações que estariam nos ambientes da SE2, o que conquistaram, o que criaram, até que carro dirigem (caso tenham carros).

SE: Você nunca conseguiria assimilar esse nível de dados de outra Entidade Fonte. Na verdade, não seria possível chegar a essa profundidade comigo ou com outros dos meus grupos de entidades, pois há muitos detalhes, pura e simplesmente. Pense em como você iria explicar a vida e a tecnologia do século 21 para uma pessoa do século 17. Não conseguiria fazer isso em detalhes compreensíveis, simplesmente porque a linguagem não está lá, e o fator limitador aqui é a linguagem ou compreensão. Deixe-me dizer uma coisa. Esses diálogos limitados que você tem comigo, com meus colegas e, na verdade, com a Origem, são suficientes para saciar o apetite de qualquer buscador da verdade. São, por sua própria natureza, uma visão geral daquilo que existe na realidade maior, e uma visão geral é tudo com que a humanidade, em seu estado atual, pode lidar. Não fique desapontado, meu amigo, pois você está abrindo novos caminhos. Por enquanto, é suficiente, e os detalhes contidos nesses breves diálogos serão mais do que suficientes para prosseguirmos. Você vai se comunicar com a Entidade Fonte Três em seguida, e vai precisar deslocar suas energias para um nível diferente do atual a fim de se comunicar. Para isto, será preciso descansar e se purificar, pois a SE3 é pura no coração e na energia.

Capítulo 3
Entidade Fonte Três

Tenho de admitir que, neste momento do jogo, estou me sentindo um pouco preocupado. Sinto que a informação que já recebi em função de minhas comunicações com as duas primeiras Entidades Fontes é de um nível muito elevado, mas não tem detalhes suficientes para ter importância. Sinto ainda que é variada o suficiente para abranger mais do que eu poderia esperar. Na verdade, não consigo pensar no que virá nos diálogos com as outras Entidades Fontes que possa ser suficiente para criar um trabalho robusto e interessante para o público espiritual. É uma verdadeira dicotomia. A sensação é um pouco parecida com o bloqueio do escritor, só que seria o "bloqueio do canalizador", não? Pode ser que a tarefa em questão seja tão grandiosa que estou tão assustado com ela que me ponho inativo, com uma convulsão mental, com dúvidas. Preocupo-me também com a ideia de que os detalhes que anotei sejam o resultado de uma imaginação muito viva, que não estou em contato com outras Entidades Fontes e que sou eu, na verdade, que estou falando comigo mesmo. Enquanto digito estas palavras, meus medos estão sendo deixados de lado, especificamente porque sinto agora que já criei um vínculo mental com a Entidade Fonte Três (SE3), a ponto de ter uma imagem mental de sua aparência. Além disso, minha própria Entidade Fonte está aqui comigo e tem algumas palavras de conforto e apoio.

EU: Sinto que não posso prosseguir com isto, que não posso conjurar informações diversificadas o suficiente para justificar a meta de ter um capítulo sobre cada Entidade Fonte.
SE: Fique calmo. Não importa quantas palavras você vai receber sobre cada Entidade Fonte. O que importa é que você está em contato com elas e está abrindo seu coração para elas. Você está pensando que precisa criar o texto sozinho e que possivelmente não terá pensamentos criativos com diversidade suficiente para criar novos diálogos, com a extensão daquilo que já fez. Isso é seu ego falando com você. Você vai receber as informações; não vai precisar

inventá-las. Seus medos nascem de objetivos criados por você mesmo. Seus objetivos pessoais não são importantes. O que será, será. Lembre-se daquilo que um de seus antigos gerentes costumava lhe dizer: coma o elefante em dentadas do tamanho da boca. Não precisa engoli-lo de uma só vez. Não há restrições de tempo. Não há limitações.

A informação tem alto nível e precisa ser assim. Como disse no final de nossa conversa com a Entidade Fonte Dois, não dá para entrar nos mínimos detalhes, como você quer. Você não tem capacidade suficiente para isso em seu atual estado físico e seus leitores também não apreciariam esse nível de detalhe. É provável que você os entediasse muito!

Estava quase dizendo que isso seria como um passo para trás para você, mas acabei de olhar a sua mente e agora entendo qual é o problema. Não é o medo de não atingir seu objetivo de 12.000 palavras por Entidade Fonte ou a preocupação se a informação terá diversidade suficiente para ser crível.

EU: Então, o que é?

SE: Você está tentando acessar muita coisa ao mesmo tempo. Por isso, não sabe para que lado deve olhar primeiro. Você está como um cervo diante do farol de um carro. Não, espere um pouco. Você está acessando TODAS as Entidades Fontes ao mesmo tempo, e está quase tendo uma sobrecarga de informação. Não é à toa que está sentindo que não consegue fazer nada. Você está repleto, a ponto de explodir. Direcione sua percepção apenas para mim e para a Entidade Fonte Três. Isso vai ajudar.

Contato inicial com a Entidade Fonte Três— Sublime!

Segui o conselho da minha Entidade Fonte. Disse-me mentalmente que só iria receber informações de minha própria Entidade Fonte e da Entidade Fonte Três. O efeito foi notável. Subitamente, senti-me mais leve, mais limpo e aberto. Todos os meus receios sobre o que eu estava fazendo foram embora, e a névoa saiu da minha mente. Preciso tomar cuidado para não me abrir demais novamente, ou então treinar para aceitar o aumento da informação.

Neste ponto, vi-me em contato com a Entidade Fonte Três. Mais uma vez, vi sua imagem. Aproximei-me dela sob a perspectiva da Origem, olhando para dentro e para baixo para ver sua aparência e localização dentro da Origem. A impressão inicial que recebi foi a de uma bola branca amorfa que ondulava. Ela transmitiu calor, conforto, até acolhimento. Foi delicioso estar na sua presença. E mais, ela ficou contente por me sentir e convidou-me para entrar. Tive uma sensação de pureza. Era pura. Pura de coração, tal como minha Entidade Fonte tinha dito. Eu estava num estado sublime, algo que não havia sentido nem nas minhas comunicações com minha própria Entidade Fonte. Iniciei um diálogo.

EU: Uau, sinto-me totalmente eufórico. Foi uma sensação muito forte. Por que me senti assim?
SE3: Isso que você está sentindo é o resultado do trabalho que estou fazendo. Dentro dos ambientes de sua própria Entidade Fonte, você pode experimentar níveis variados de "-ividade".
EU: -ividade?
SE3: -ividade. Mas você os vê de duas maneiras básicas: positividade e negatividade. No meu experimento e em todos os ambientes que criei, não existe isso de negatividade. Posso ver que você está prestes a fazer uma pergunta.
EU: Sim, minha própria Entidade Fonte diz que não existe experiência negativa. Que só existe experiência.
SE3: Sim, isso é verdade, mas nos meus ambientes não pode existir experiência que possa ser classificada como ruim, prejudicial ou horrível. Tudo é delicioso; toda entidade trabalha em harmonia em tudo aquilo que faz.
EU: Para mim, é um pouco difícil aceitar isso. Como é que tudo pode ser feito num estado sublime?
SE3: Em comparação com sua existência atual, tudo que existe no multiverso da Origem é vivenciado num estado sublime. Aquilo que não é sublime tem, de modo geral, uma frequência tão baixa que é insuportável.
EU: Você está sugerindo que a sublimidade é um estado de frequência?
SE3: Não, mas é um de seus componentes. Geralmente, a entidade que se encontra num estado sublime tem frequência elevada.

EU: E por que você iria querer criar um universo no qual suas entidades só conseguem experimentar coisas positivas e sublimes?
SE3: Simplesmente para ver o que acontece. Uma das coisas que você vai perceber em seus diálogos com as Entidades Fontes é que cada uma de nós faz as coisas à sua maneira. Às vezes, há uma superposição no que fazemos, e às vezes estamos em polos, ou até em multiversos, opostos. Quando temos superposição, comparamos e contrastamos o que fizemos e como chegamos a aquela condição, qual foi o caminho, quais foram as circunstâncias e qual a contribuição das entidades residentes que levou a esse resultado final. Onde não nos superpomos, compartilhamos nosso aprendizado e o acrescentamos ao reservatório total de dados evolutivos que criamos. Por que eu não deveria fazer um experimento no qual toda entidade que existe num ambiente está em harmonia sublime?

EU: Bem, eu consideraria que isso limita a oportunidade da experiência.
SE3: Limita, e é essa a ideia.

Deixe-me facilitar para você. Embora você possa pensar que está limitando as oportunidades evolutivas de uma entidade ou ambiente introduzindo essas restrições, na verdade você está abrindo a oportunidade de focalizar um aspecto da existência com mais detalhes. Até certo ponto, é isso que você está fazendo agora em sua existência física de baixa frequência. O objetivo da experiência e a oportunidade evolutiva resultante não está apenas na quantidade de coisas que você vivencia, também está na qualidade do que você vivencia. Para isto, é preciso limitar suas opções. Em resumo, como você poderia dizer, as entidades em meus ambientes devem experimentar a existência num estado de sublimidade ou positividade em tudo que for possível e no máximo que puderem.

EU: Minha própria Entidade Fonte disse que você é "Pura de coração". Tenho uma noção do que isso significa segundo o meu ponto de vista, mas você poderia me dar sua visão?
SE3: Em termos simples, é assim que faço as coisas nos meus ambientes. O que quero dizer com isto?

EU: Não sei. Talvez que você não se desvia dos caminhos conhecidos. Você mantém sua estratégia de não se corromper de maneira alguma por qualquer das coisas que suas criações fazem, e espera o mesmo de suas criações.

SE3: Boa tentativa. No meu caso, ser pura de coração significa que tenho apenas as melhores intenções em mente e desejo apenas o melhor para minhas criações e suas experiências. Foi por isso que limitei seu ambiente aos níveis mais elevados de frequência: esses níveis que resultam na condição que vocês chamam de "sublime".

EU: Qual a sensação de viver continuamente nesse estado sublime que você criou para suas criações?

SE3: Só posso explicar isso sob sua perspectiva.

Seria como viver num estado contínuo de bem-estar, boa disposição e bom humor. Você não teria dores, preocupações ou problemas. Tudo se compreende e é compreensível. Tudo é atingido e atingível. Qualquer coisa que o indivíduo faz é para o bem de todos, inclusive o ambiente. Nada é prejudicial. Nada prejudicial pode ser ou é desejado ou feito. Ninguém faz nada apenas para si mesmo. Tudo é feito sob o amor e a luz.

EU: Enquanto você estava descrevendo isso, comecei a ter a experiência. Senti que estava numa nuvem de luz e que estava livre de quaisquer restrições e limitações. Senti-me LIVRE em todos os sentidos da palavra.

SE3: Embora minhas entidades estejam limitadas a experimentar apenas o estado sublime, o nível de liberdade sob sua perspectiva é infinito.

EU: Senti que estava em todos os lugares ao mesmo tempo—em comunicação com todas as coisas e com tudo ao mesmo tempo. Estar restrito a um estado sublime não me parece uma restrição. Parece ser um deleite, uma honra, algo que devemos celebrar.

SE3: Ah. Você acabou de acertar no segredo de como se manter na sublimidade. Você, em sua condição, só pode se manter no estado sublime caso compreenda, no nível mais fundamental, que ele é algo especial, algo a ser valorizado, algo a ser compartilhado.

EU: E é assim que suas entidades se sentem o tempo todo em que existem?

SE3: Sim, e existem enquanto eu quiser que existam. Mas não me interprete errado. Não crio entidades e as destruo depois ou removo sua senciência. Como a sua Entidade Fonte, eu poderia removê-las da existência a qualquer momento, mas não faço isso. Não é preciso, pois em termos reais acabei de começar o trabalho que eu queria realizar.

Dimensionalidade ambiental da Entidade Fonte Três

EU: Bem, eu gostaria de fazer uma pergunta padrão que pretendo fazer a todas as Entidades Fontes e trata dos ambientes que vocês criaram. Como eles são?
SE3: Diferentemente dos ambientes com múltiplas dimensões ou camadas que as duas primeiras Entidades Fontes criaram, eu só criei uma. Se você for observador, verá que ele é similar a um dos ambientes criados pela Entidade Fonte Dois. Todas as entidades que criei existem e trabalham dentro deste ambiente. Se eu fosse ilustrar a matemática dimensional com você, a aparência seria esta: 12x1x12x3. São 432 dimensões.
EU: Parece-se muito com uma representação similar que me foi dada pelas duas primeiras Entidades Fontes. Quero dizer, é um múltiplo de doze e três.
SE3: Soube que você já foi instruído sobre o mecanismo das regras de construção dimensional por sua própria Entidade Fonte.
EU: É isso mesmo. Está no texto da minha primeira publicação.
SE3: Então, não vou entediá-lo com detalhes similares. Basta dizer que há regras que temos de seguir para criar construtos ou ambientes dimensionais para existência. Essas regras baseiam-se na maneira como a Origem está construída—daí o uso de três dimensões básicas para iniciar a construção de um único ambiente dimensional no nível mais baixo e a multiplicação dessas dimensões por doze níveis, sem esquecer as frequências que existem nas dimensões.
EU: Quando minha própria Entidade Fonte nos criou, disse que teve um lapso de concentração, o que fez com que algumas das entidades sendo criadas tivessem um nível de capacidade inferior ao de outras. Elas são usadas para cuidar do universo depois de criado e têm permissão para encarnar em veículos físicos mais

simples para sua própria evolução. O que aconteceu quando você criou suas entidades? Como você as criou?

SE3: O processo de criação de uma entidade senciente é o mesmo para todas as Entidades Fontes. Também é o mesmo que foi usado pela Origem para nos criar. A entidade criadora precisa identificar e segregar energeticamente aquela parte dela mesma que deseja usar como meio para criação das entidades em questão. Por favor, entenda o seguinte. Não podemos criar algo a partir do nada— especificamente se isso terá sua própria senciência. Pois se nada existe, não há nada com que trabalhar. O vazio sem energia de alguma espécie continua sendo um vazio. Neste sentido, precisamos abrir mão de parte de nossa própria energia, energia com senciência, para criar aquilo que exige sua própria senciência. Essas criações continuam sendo parte de nós, contidas em nós mas separadas de nós.

A falta de concentração de sua própria Entidade Fonte, resultando em entidades de faculdade inferior, foi resultado de sua própria falta de interesse pelo processo depois que ele foi iniciado. Simplesmente, ela se interessou mais por outra coisa. A beleza de seu erro é que ela acabou conseguindo uma variedade de oportunidades inesperadas para evolução, oportunidades que não havia planejado, e daí sua decisão de manter aquilo que obteve. No meu caso, não tive esse lapso de atenção e criei aquilo que queria criar desde o começo. Neste caso, o que criei foi puro, e foi este nível de pureza que me deu a ideia de restringir o universo em que existiam às frequências sublimes mais elevadas, para me assegurar de que tudo permaneceria puro. Puro de Coração, portanto, significa que a pureza, ou a ausência de erro, está no centro de tudo que criei e irei criar.

O universo da Entidade Fonte Três

Neste ponto do diálogo com a Entidade Fonte Três, eu estava ciente de que havíamos discutido muito pouco da essência do assunto com o qual eu gostaria de estar envolvido, ou seja, tentar compreender a estrutura de seus universos e o que as entidades que existem neles estavam fazendo para atingir a meta de todas as entidades criadas pela

Origem e suas Entidades Fontes—a evolução individual. Nem cheguei a arranhar a superfície das 2 primeiras Entidades Fontes e havia me aventurado apenas um pouco além com minha própria Entidade Fonte. Senti que tinha tido um começo um pouco mais lento com esta Entidade Fonte do que com as outras. Estava insatisfeito com meu progresso e ansioso para seguir em frente. Minha própria Entidade Fonte tinha algumas palavras de sabedoria para me ajudar a seguir em frente.

SE: Não fique impaciente com seu progresso, pois você está lidando com energias totalmente estranhas para você. Por isso, você vai ter dificuldades para se alinhar com algumas das frequências, especialmente quando tiver de lidar com as demandas da vida física. Vejo que você percebeu que recentemente está mais atraído pelo físico do que o normal.

EU: Sim, e descobri que um de meus amigos espirituais também experimentou a mesma coisa. É como se estivéssemos sendo atraídos, como se algo estivesse lutando contra o aumento da frequência da Terra.

SE: É exatamente isso que está acontecendo. Aqueles que têm frequência inferior estão se movimentando. Como resultado, você e outros estão sentindo o peso dessa atração de todos os ângulos, em todos os relacionamentos e em todos os passatempos. Assim, você está sentindo dificuldade para se elevar energeticamente e, por isso, sente que está sendo arrastado para baixo. Não se preocupe, pois isso vai passar e você vai ficar mais forte quando perceber a origem dessas influências que o atraem para frequências mais baixas. Concentre-se na Entidade Fonte Três e você estará bem. Lembre-se que a Entidade Fonte Três também tem uma frequência mais fina do que você esperava antes. Isto também vai fazer com que você se sinta um pouco descontente, até alinhar melhor suas energias.

EU: Grato por essas palavras de incentivo.

SE: É um prazer, pois você assumiu uma tarefa e tanto.

Então, voltei minha atenção para a Entidade Fonte Três.

EU: Falamos muito pouco sobre o seu ambiente universal até agora, exceto pela explicação básica. Gostaria de conhecer melhor suas criações e o que estão fazendo no ambiente que você criou para elas. Eu gostaria de dividir isso em algumas áreas, que vamos comentar separadamente pois percebi que já fui direto ao lado mais fundo com você. Primeiro, portanto, poderia me falar mais sobre o ambiente que você criou?

SE3: Como disse antes, meu universo é limitado para permitir que minhas criações menores não experimentem nada exceto frequências mais elevadas—aquilo que vocês chamam de estado sublime. Percebo que você quer ter mais detalhes a respeito disso.

EU: Sim, por favor. Com isso, eu manteria um diálogo similar ao que já mantive com as Entidades Fontes Um e Dois.

SE3: Mmm. Não gere preconcepções sobre o diálogo, ou isso levará a conversa a uma direção adversa à que ela precisa seguir. Lembre-se, estamos tentando dar informações a nosso respeito que a humanidade precisa saber, não que você acha que ela precisa saber. Seu desejo de satisfazer certos requisitos pessoais podem desviá-lo da oportunidade de obter acesso a informações mais importantes.

EU: Certo, compreendo, mas ainda assim eu gostaria de tocar nessas duas áreas principais. O que acontecer depois, deixo a seu encargo.

SE3: Muito bem. Agora, vou explicar meu ambiente e minhas entidades, e o que fazem para evoluir mais.

Como já vimos, minhas entidades existem nessas dimensões e frequências relativas ao estado sublime. Dito isto, percebo que qualquer estado energético acima de sua frequência atual pode ser classificado como sublime, mas isto se encontra vários graus de magnitude acima do nível mais elevado que a raça humana poderia atingir. Com efeito, aquilo que você experimentou tocando minhas energias é apenas uma fração de uma fração de uma fração daquilo que minhas entidades experimentam.

Ao contrário do que você poderia pensar, minhas entidades possuem áreas do que você chama de planetas, construtos esféricos, e áreas de densidade local, onde são capazes de trabalhar naquilo que estão experimentando. O ambiente que criei para elas não tem tantas camadas quanto o seu, pois as áreas de densidade local existem dentro das frequências elevadas normais do ambiente e não formam seu próprio ambiente em função de seu nível mais baixo. Tudo existe dentro do mesmo ambiente; não tenho separação entre dimensões e frequências.

EU: Acabei de receber a imagem de um planeta amarelo-violáceo numa área do espaço que é de pura luz branca. Nossos planetas existem no espaço escuro e sem luz.

SE3: Isso é resultado da frequência mais elevada do ambiente. Sua própria fisicalidade é limitada por uma vibração baixa, significada pela escuridão do espaço entre as áreas de densidade. Meu ambiente não é limitado por baixas frequências, e por isso as áreas intermediárias são luminosas.

EU: Então, se suas criações existem em frequências tão elevadas, por que precisam de áreas de densidade local para realizar suas tarefas evolutivas?

SE3: Elas não precisam. É que algumas delas gostam de se associar com um objeto de densidade. Não me interprete errado. Quando digo densidade, quero dizer áreas onde há energias que se destacam da criação, não por aquilo que vocês chamariam de "atração molecular". Essas áreas são criadas e, na maioria dos casos, podem receber individualidade.

Planetas criados por entidades menores

EU: Nossos planetas têm individualidade!

SE3: Seus planetas são indivíduos coletivos; são as criações das galáxias e, portanto, facetas da mente galáctica. Estes, não. Ou são totalmente separados ou não possuem individualidade alguma.

EU: Então, os planetas deste ambiente... posso continuar a chamá-los de planetas?

SE3: Sim, essa explicação será suficiente, embora não seja totalmente correta, como explicarei depois.

EU: [Os planetas] são criados pelas entidades que vivem em seu ambiente de base sublime como um método de proporcionar algum nível de foco sobre certo projeto baseado na evolução. São "energias similares" que se unem para criar um objeto de tamanho suficiente para permitir que qualquer número de entidades coexistam ou trabalhem juntos em sua evolução. Com efeito, o planeta ou construto energético poderia, na verdade, ser o próprio projeto.

SE3: Nada mau. Mas perceba o seguinte: o planeta ou planetas são criados pelas entidades, mas não por entidades maiores, como em suas galáxias. Além disso, geralmente não são esféricos, como em sua fisicalidade, pois não são criados por atratividade molecular. Podem ter, e têm, qualquer forma, frequência, dimensão ou mistura de todos. Podem ser usados como alojamentos, workshops, ou algo criado puramente para o prazer. Algumas entidades chegam a criar entidades para viver nesses construtos. Fazem-no para ver como versões menores delas mesmas se saem por conta própria.

EU: Isso se parece um pouco com a vida na Terra.

SE3: Em termos teóricos, sim, há certa similaridade, mas em essência, não é, porque elas não estão lidando com os mesmos níveis de descontinuidade do self—sua projeção na fisicalidade mais baixa que você pode encontrar e que quase se separa de sua totalidade em virtude disso. Elas criam novas entidades a partir da energia do entorno; não se separam para criar novas entidades.

EU: Espere aí. Eu achava que todas as entidades dotadas de senciência eram criadas pela separação da entidade maior para criar a menor. Foi assim que a Origem criou você e as outras Entidades Fontes. Na verdade, lembro-me distintamente de ter ouvido isso da Entidade Fonte Dois.

SE3: Correto. Mas perceba que você usou a palavra "senciência". A regra que você apresentou relaciona-se com a criação de seres sencientes. As entidades sendo criadas por minhas entidades são mais parecidas com aquelas que você chamaria de entidades astrais. São energias que ganharam forma e individualidade, mas sem senciência.

EU: Então, as entidades planetárias também possuem entidades para existir?

SE3: Possuem, mas as funções são similares a aquelas que vocês têm na Terra para sua manutenção. Vocês as chamariam de espíritos da natureza. Em essência, não são nada parecidas com os espíritos da natureza em seu planeta, pois têm função, capacidade e longevidade limitadas. São criadas para realizar uma função e, quando essa função é concluída, voltam à energia central da qual foram criadas. São como ferramentas numa caixa, digamos, mas com a caixa repleta apenas com energia "manipulável", não com ferramentas especializadas. A manutenção do construto planetário relaciona-se com sua capacidade de suportar a pressão evolutiva e por isso os espíritos da natureza criados são feitos para modificar o planeta, permitindo que este lide com, e se adapte a, as demandas das entidades criadoras que usam o planeta.

Uma área de densidade local

SE3: Agora, deixe-me falar uma coisa sobre esses planetas. Atualmente, sua expectativa é ver uma forma esférica para um planeta ou mesmo para uma estrela. Embora seja uma forma comum e natural nos ambientes físicos e energéticos criados por sua Entidade Fonte, não é um requisito necessário. Muitas de minhas criações têm criado áreas de densidade local de qualquer forma que você possa conhecer ou imaginar. Na verdade, usar a palavra "forma" só vai desorientá-lo em seu processo de compreensão; você "sairia pela tangente", digamos.

EU: *Então, qual a aparência de um planeta ou área de densidade local em seu ambiente?*

SE3: Ele não precisa se parecer necessariamente com nada. Na maioria, são apenas o que são: áreas de densidade local onde há mais energia de certo tipo e frequência do que qualquer outra. Um planeta não precisa ser um sólido físico para ser útil na evolução. Veja o caso de seu planeta maior, Júpiter. Ele existe principalmente numa frequência que vocês desconhecem atualmente, abrigando muitas entidades energéticas. O que vocês veem no físico é meramente uma sombra de sua totalidade. Tendo isto em mente, vou tentar descrever um construto planetário típico em meu ambiente.

Primeiro, eis uma correlação com sua própria área de densidade local, a Terra. Sua Terra é bastante singular em seu ambiente universal e multiversal, pois possui tanto entidades energéticas quanto físicas para manter sua função. Seus espíritos da natureza trabalham nos níveis frequenciais superiores, e plantas e animais de todos os tipos trabalham na manutenção dos níveis frequenciais inferiores. Nos planetas em meu ambiente, temos apenas as entidades energéticas, pois não há a necessidade de manutenção nesses níveis mais baixos. Não se esqueça de que cada um de seus animais tem uma função de manutenção a realizar em sua Terra. Assim, quando uma forma se torna extinta, a função que ela realiza se perde e o nível resultante de manutenção é diluído nessa área. Como nenhuma de minhas criações criou um planeta com frequência tão baixa, não existe a necessidade de níveis de manutenção nas frequências baixas; portanto, não temos animais. Isto não significa que as entidades criadoras não desejam criar entidades menores para ocupar os espaços disponíveis em sua criação planetária, pois fazem-no por seu próprio prazer.

Um construto típico não tem ou não precisa ter fisicalidade, e por isso não a tem. Você pode querer usar como exemplo a construção de suas próprias nuvens, pois é assim que seriam percebidos caso pudessem ser vistos por seus olhos físicos.

No construto, que seria similar em tamanho a dois de seus sóis, as entidades criam novos construtos e discutem sua relevância para o trabalho que estão fazendo para ajudar em sua evolução. Esses construtos têm função e forma relevantes ao trabalho para o qual são criados.

EU: Então, elas criam coisas como casas, ferramentas e meios de transporte, tal como nós?

SE3: Não, elas não precisam de sistemas de transporte e nem de locais de abrigo. Os construtos que criam são para ajudar outras entidades a evoluírem.

EU: Espere um pouco. Há outras entidades além daquelas que você criou existindo nesse ambiente?

SE3: Sim, é claro. São criadas como parte do ambiente inicial.

EU: Como? Agora, fiquei confuso. Por favor, ajude-me aqui, pois estou começando a perder o rumo de nossa conversa.

SE3: Existe uma regra geral usada por todas as Entidades Fontes quando criam: uma entidade pode criar outras entidades para fins evolutivos, mas se as entidades devem ter senciência e individualidade, estas devem vir da energia da entidade criadora. Por outro lado, se as entidades terão individualidade, mas não senciência, podem ser criadas a partir da energia do entorno. Uma energia que deve ter senciência mas faz parte de um coletivo também deve fazer parte da energia do criador original. Portanto, apenas as entidades criadas pela doação ou partilha de energia pessoal podem ter senciência e evoluir. Algumas das entidades em meu ambiente baseado na sublimidade renunciaram a parte ou a metade de sua energia, o que, naturalmente, liga-se de volta à Origem com o único propósito de criar seres sencientes que podem evoluir por si mesmos e contribuir para a evolução de seu criador. Por favor, veja que todas elas são consideradas iguais, embora potencialmente tenham menor conteúdo energético— quero dizer, volume, não capacidade. Elas também sabem que são criadas por outras com sua própria energia pessoal e que, como tal, estão ligadas por sua impressão energética e evolutiva.

Uma impressão evolutiva

EU: O que é uma impressão evolutiva? Essa é uma descrição da qual nunca ouvi falar.
SE3: A impressão evolutiva é algo que só minhas entidades possuem. Cada entidade escolhe uma rota para atingir sua oportunidade evolutiva ideal. Pode chamá-la de mapa, se quiser, com certos pontos que precisam ser atingidos em determinados pontos de sua evolução. Para chegar a esses pontos, cada entidade precisa ter atingido certo nível de responsabilidade, experiência e criatividade. Cada um deles é registrado como sendo atingido, sendo experimentado e sendo planejado mas não atingido e na impressão. Se uma entidade cria uma entidade com a intenção de lhe dar senciência, ela também lhe dá aquilo que a entidade criadora experimentou e o resto dos pontos na impressão evolutiva.
EU: Elas recebem uma vantagem inicial em sua existência, acima do que suas criadoras receberam.
SE3: Correto. Mas quando faz isso, a entidade criadora tem a capacidade de evoluir duas vezes mais depressa, pois agora são duas entidades usando a mesma impressão.

Replicação, divisão e fusão para aceleração evolutiva

EU: Então, você está dizendo que as entidades originais que você criou também são capazes de criar entidades sencientes para os propósitos de sua própria evolução?

SE3: Em resumo, sim. Mas não creio que isso seja incomum, pois vocês também criam seres sencientes, não?

EU: Você se refere ao fato de acasalarmos para gerar novos seres humanos, a fim de nos repormos e aumentarmos a população para que mais almas possam encarnar?

SE3: Sim. E vocês não evoluem em função da interação entre vocês mesmos como pais e os seres menores que vocês chamam de filhos?

EU: Imagino que sim, mas também acumulamos karma em função disso. O fato de nós, humanos, recriarmo-nos da maneira como o fazemos é uma faca de dois gumes. É um processo lento e depende de nós, de modo geral, dedicarmo-nos a aqueles a quem damos vida física pelo resto de nossas vidas físicas. Algumas pessoas abusam desse privilégio, enquanto outras são filhos, pais e avós exemplares.

SE3: Acabei de experimentar o que você está falando, graças às suas memórias. Devo dizer que aqueles que são criados são-no instantaneamente e não precisam passar por processos tão demorados. Aqueles que são criados com a impressão evolutiva participam de todo conhecimento e experiência imediatamente após a criação.

EU: Então, eles são clones, cópias diretas dos criadores?

SE3: Não são cópias diretas, pois não são capazes de criar a partir da divisão deles mesmos; portanto, não podem criar seres sencientes. Podem criar seres individuais não sencientes, mas, como expliquei antes, eles são feitos de energia disponível nas áreas próximas.

EU: Bem, e o que fazem essas cópias para evoluir e ajudar seus criadores a evoluírem?

SE3: Fazem o que sentem que é preciso para evoluir. É totalmente possível para uma entidade criadora criar muitas, muitas cópias de si mesma a fim de acelerar sua evolução.

EU: Até quantas podem ser criadas? Deve haver um limite para que não se diluam demais.

SE3: Sua observação está correta. Há um limite superior de criação antes que percam sua maioria energética. Ele depende do conteúdo energético original da entidade criadora, pois nem todas as entidades têm conteúdo igual. Isto se deve principalmente à fusão de entidades para criar uma entidade criadora maior. Vou explicar melhor isto daqui a pouco. Basta dizer que, geralmente, uma entidade tem um limite superior de cerca de cem cópias de si mesma antes de começar a perder sua coesão como entidade criadora.

EU: E o que acontece com a entidade que excede esse número?

SE3: Ela se torna uma só com suas criações e perde a capacidade de se recriar dessa maneira. Além disso, por padrão, cria um coletivo. Algumas entidades escolhem fazer isso como parte de sua evolução, enquanto outras escolhem se mesclar com outra entidade criadora para criar um novo coletivo—neste caso, uma única entidade individual com mais poder, se preferir.

EU: Então, por que algumas entidades querem se mesclar enquanto outras querem se diversificar a ponto de perderem a criatividade?

SE3: Simplesmente para evoluir de forma diferente das outras entidades com que foram criadas.

EU: Então, a entidade pode decidir se dividir a ponto de diluir sua própria capacidade de experimentar a evolução, como entidade supostamente menor mas ainda conectada coletivamente às entidades que criou, ou pode se mesclar com outras para criar um ser maior e mais poderoso, combinando experiência, conhecimento, evolução e impressão evolutiva.

SE3: Sim.

EU: A entidade que se dividiu a ponto de perder sua criatividade, no que diz respeito a entidades, pode reverter este processo?

SE3: Depois que o processo se iniciou, não pode ser revertido, quer dizer, não pela vontade da própria entidade original. Lembre-se: a entidade criadora criou um grande número de entidades "sencientes". Ela não pode remover sua individualidade ou senciência por vontade própria, pois isso seria equivalente a matar essa entidade. Ela pode, no entanto, mesclar-se com uma entidade voluntária para criar uma entidade com mais energia "criadora" e, portanto, restabelecer sua posição—uma posição relativa ao número de entidades que optam por se mesclar com o original de uma entidade criadora. Elas não podem se mesclar para criar uma entidade maior e mais poderosa; isto só pode ser feito com a entidade criadora original e o desejo de uma ou mais entidades "criadas" de retornar à sua fonte.

Voltando à entidade criadora

EU: Elas perdem a individualidade quando retornam a seu criador? Esta é uma das coisas que todos nós perguntamos no mundo físico de nosso criador, a Entidade Fonte Um. No nosso caso, ainda preservamos a individualidade, mas somos uma parte plenamente funcional da Entidade Fonte Um. Podemos até sair da Fonte à vontade se pedirmos ou se for pedido a fim de proporcionar oportunidades evolutivas adicionais.

SE3: Sim, mas a entidade que retorna compreende isso. Ela sabe que veio do nada, como todos nós, na verdade, pois em última análise somos todos criações da Origem. Contudo, elas também sabem que, depois de terem sido criadas, podem ser recriadas pela entidade criadora em sua totalidade numa data posterior, após terem decidido voltar a seu criador.

EU: Então, isso acontece muito? As entidades resolvem retornar a seu criador, mesmo sabendo que não terão mais individualidade?

SE3: Isto acontece regularmente e é o resultado direto do tipo de trabalho evolutivo feito por essa entidade. Em essência, elas se especializam em evoluir em certos tipos de experiência. Depois de evoluírem em função do trabalho que fizeram dentro do ambiente experiencial, podem resolver tornar-se novamente parte do todo. No entanto, quando a entidade criadora precisa evoluir numa área que seria mais bem suportada por aquela parte de si mesma que era de evolução ideal no ambiente experiencial proposto, ela recria essa entidade, mesmo diante do possível custo de perder sua função criadora. O ponto aqui não é a preocupação com a perda da individualidade, mas sim aproveitar cada oportunidade que se apresenta para evoluir e trabalhar com ela. É uma coisa que vocês, humanos, poderiam aprender. Aos olhos delas, o progresso evolutivo é a prioridade número um; elas não têm conceito como a perda pessoal da individualidade. Esta é uma das facetas da existência nos níveis de frequência em que existem.

EU: Então, as entidades que são criadas pelas entidades criadoras são, de fato, entidades criadas como ferramentas para maximizar oportunidades evolutivas sempre que surgem. São facetas delas mesmas, experimentadas para desenvolver certas condições e criadas especificamente para maximizar essa oportunidade. Recebem senciência e individualidade para permitir que funcionem de maneira totalmente autônoma, maximizando a oportunidade evolutiva. É por isso que possuem a impressão evolutiva. Elas funcionam exatamente como o indivíduo criador original, e a única diferença é que se concentram na tarefa para a qual foram criadas. É por isso que a entidade original evolui ao mesmo tempo que a entidade criada. Embora sejam separadas, são uma só e a mesma. São como, por exemplo, vinte entidades experimentando vinte oportunidades evolutivas diferentes, tudo ao mesmo tempo—dando assim à entidade criadora a oportunidade de evoluir a uma velocidade vinte vezes superior à velocidade que teria caso o fizesse sozinha.

SE3: Correto. Esta é uma boa analogia e é a razão pela qual as entidades criadas não têm problemas para retornar a seu criador, perdendo a individualidade em função disso. Também é essa a razão para a entidade criadora não ter problemas em perder sua capacidade criativa e tornar-se uma só e a mesma com suas criações, embora temporariamente, pois sabe que em algum momento uma das entidades que ela criou vai precisar voltar para ela, pois terá terminado sua tarefa.

EU: Mas espere. Você disse que as entidades criadas escolhem antes voltar a seus criadores. Para mim, isto significa que elas possuem certo nível de livre arbítrio para escolherem voltar, e, quando terminam sua tarefa, podem efetivamente decidir não voltar a seu criador.

SE3: Essa é, de fato, uma opção que podem fazer. No entanto, devem ter uma razão válida para não retornar a seu criador.

EU: E o que constitui uma razão para não voltar à entidade criadora quando fica claro que a entidade criada terminou seu trabalho, evoluiu e, nesse processo, elevou a entidade criadora na escala evolutiva?

SE3: Como parte da finalização da existência da entidade, ela precisa revisar o que fez para evoluir da maneira como o fez. Nesse caso, se a entidade perceber que o nível de evolução poderia ser otimizado ainda mais assumindo uma direção diferente para a experiência, não muito distante daquela já experimentada, mas diferente, isso já seria suficiente para justificar a investigação. Ela pode decidir que precisa investigar melhor esta rota e, portanto, estender seu tempo na individualidade a fim de tirar vantagem dessa oportunidade evolutiva. Ela faz isso por sua própria vontade e não precisa da permissão da entidade criadora. Veja que neste caso a entidade criada está cumprindo corretamente o seu papel. Está buscando sua própria evolução e a da entidade criadora, maximizando sua existência. Mais tarde, quando todos os caminhos de oportunidade tiverem sido trilhados, a entidade vai considerar que maximizou sua razão para existir individualmente e vai escolher voltar a seu criador.

EU: E com que frequência a entidade criadora atinge o estágio no qual está num estado igual ao de suas criações, e quanto tempo ela pode ficar nessa condição?

SE3: Eu diria que quase todas as entidades criadoras estiveram nesse estado três ou quatro vezes, pelo menos. Na verdade, algumas delas estiveram dez ou vinte vezes nessa condição. Você precisa compreender que essas entidades têm existido há quase tanto tempo quanto eu, e, portanto, tiveram muitas oportunidades de evoluir. O tempo que passaram nessa condição varia de entidade para entidade e de quantas de suas criações estão perto de terminar seu trabalho. Vou conferir as impressões de minhas entidades.
(Pausa)

Algumas experimentaram a igualdade por meros 25 minutos, enquanto muitas outras experimentaram esta condição por vários milênios; tudo depende do momento da criação de suas entidades. Uma boa média seria de 300-400 dos seus anos.

EU: Você acabou de mencionar que quase todas as entidades criadoras experimentaram esta condição. Isto implica que há algumas que não o fizeram.

SE3: Tem razão. Um punhado de entidades não atingiu esse nível de diluição. Não é um problema, pois experimentaram a evolução que esperavam atingir em sua impressão evolutiva.

EU: Você também disse antes que algumas entidades se mesclaram para criar uma entidade maior. Qual a razão disto? Eu achava que eram bastante poderosas em seu estado normal.

SE3: Embora as entidades criadoras sejam poderosas por seu próprio direito, conquistam facilidades adicionais em função de sua mesclagem. Isso é diferente da remesclagem de entidades criadas que perdem individualidade quando voltam à entidade criadora. Quando se mesclam, não perdem sua individualidade, embora sejam, para todos os fins e propósitos, uma única entidade.

EU: Então, que benefício traz sua mesclagem?

SE3: Maior criatividade, reforçando suas oportunidades evolutivas. Vejo que esta resposta não o satisfez, e por isso vou me aprofundar. Criar entidades que se mesclam em—vou usar uma palavra que está na sua mente—combinação eleva sua capacidade criativa a um nível que nenhuma delas conseguiria atingir sozinha, mesmo em colaboração. Em grupos mesclados com três, quatro entidades ou mais, elas podem criar seus próprios universos e agir como uma Entidade Fonte em termos de nível de criatividade e da responsabilidade resultante. Isto só pode ser atingido em mesclas superiores a duas, pois com três ou mais cria-se uma massa crítica que permite que certas energias de Entidades Fontes estejam disponíveis.

EU: Você tem muitas mesclas de entidades criadoras?

SE3: É uma das maneiras mais populares de aprimorar a evolução, especialmente se algumas das entidades criadoras escolhem trabalhar dentro do(s) universo(s) criados por algumas dessas entidades mescladas.

EU: Alguma dessas entidades se remove desse estado mesclado? Posso imaginar que depois que a entidade experimentou certo nível de responsabilidade e criatividade, consistente com o número de entidades mescladas que permite a integração da energia da Entidade Fonte, não iriam querer voltar a um nível que, na minha mente, é um pouco medíocre em comparação.

SE3: Você se esquece de que essas entidades já existem num nível de frequência mais fino, um estado sublime, e por isso não estão muito desprivilegiadas quando se retiram da mesclagem. Cresceram como resultado da mescla e das energias envolvidas, e por isso ficaram "maiores". Basta dizer que só dois grupos dissolveram sua mescla até hoje, e menos de vinte indivíduos se retiraram de uma mescla com mais de dois. Na verdade, você pode ter certa razão aqui, mas eu... eu vou apenas sondá-los. (Pausa) Não, nenhum desses que ainda se acham numa existência mesclada está tendo essa existência apenas por medo da perda de capacidades, funções ou poder.

Comparação com o multiverso da Entidade Fonte Um

EU: Uma das coisas que eu gostaria de perguntar é quais as semelhanças entre a vida em nosso universo com a do seu, em termos energéticos e físicos?

SE3: Você precisa entender que não é possível fazer comparações com o ambiente do seu universo—pelo menos, não no sentido que você gostaria de fazer a comparação. Como expliquei antes, isto se deve ao elevado nível frequencial de meu ambiente universal. Posso ver que você já está prestes a fazer outra pergunta, uma na qual você acha que talvez possamos fazer uma comparação. Estou certo?

EU: Sim, eu estava pensando que poderíamos comparar a estrutura de seu universo com a da Entidade Fonte Um.

SE3: Primeiro, sua Entidade Fonte criou miríades de universos diferentes, aquilo que vocês chamam de multiverso. Preferi não seguir este caminho, pois não era isso que eu queria fazer. Como disse antes, criei um único ambiente universal de frequência elevada, com um estado dimensional igualmente elevado. E criei uma raça de seres para povoá-lo, cada um pré-programado (como vocês) com a necessidade de evoluir através da experiência. Como todas as minhas criações são parte da mesma base de frequência

Além da Fonte, Livro 1

que seu ambiente, estão sujeitas às limitações dessa frequência.

No meu universo, também tenho uma dimensão operacional; esta dimensão tem expressão singular, mas é elevada o suficiente para não precisar do apoio de outras dimensões para manter sua posição. Se eu fosse comparar sua posição com as suas dimensões, ela estaria entre a 14ª e a 15ª posições dimensionais. Tenha em mente que, na verdade, vocês não possuem uma dimensão de tal estatura. No seu multiverso, vocês têm apenas doze níveis reais, dentro dos quais todas as suas outras dimensões ou fases dimensionais existem.

EU: Minha Entidade Fonte me disse que ela teria 12x12x12x3 dimensões. Está dizendo que isso não é verdade?

SE3: É verdade, mas você precisa se lembrar que as dimensões da Entidade Fonte Um são aninhadas. Ela criou dimensões dentro de dimensões, cada uma delas acomodada numa base de frequência. Minhas dimensões não são aninhadas, e por isso permitem que uma entidade obtenha acesso total às suas oportunidades volumétricas.

EU: Ajude-me aqui. Você está sugerindo que a dimensão em seu universo tem o mesmo tamanho que todas as dimensões no multiverso de minha Entidade Fonte?

SE3: Sim. Precisa ser assim. Ambos somos o mesmo, e por isso, o que quer que criemos, criamos em nós mesmos. Como resultado, podemos fazer as coisas tão grandes ou tão pequenas quanto quisermos, desde que estejam contidas em nossos próprios limites.

EU: Acho isso fascinante.

SE3: Pode ser, mas é uma das regras que nós, como Entidades Fontes, precisamos seguir.

EU: Voltando à comparação—se as suas entidades estão existindo numa única dimensão de frequência elevada, tudo aquilo com que mantêm contato deve ser igual, pois, em termos energéticos, estão baseados nisso. Devem estar em conflito com isso o tempo todo— devem estar presos ao solo ou a uma rocha, digamos.

S3: Você está pensando em termos do ambiente físico no qual aquela parte de você está tendo experiências agora.

EU: Pode ser. Na verdade, precisa ser. Este é o único dado tangível que tenho como ser humano.

SE3: Mais uma vez, esta é uma consideração física. Por favor, entenda—a física é a única constante que pode ser usada para descrever aquilo que é a Origem, mas saiba de uma coisa: a física não é um estudo do plano físico. É um estudo do energético, e o energético se comporta relativamente à dimensão ou frequência da qual faz parte. Como resultado, aquilo que é da mesma dimensão ou frequência não está necessariamente em conflito. Vou usar sua condição como um descritor; não se trata de objeto sólido contra objeto sólido. É como uma mistura de um gás muito raro com outro gás muito raro. Naturalmente, é um exemplo tosco, e até o exemplo do gás raro é denso demais para ser correto, mas será suficiente.

EU: Mas os gases não se baseiam em níveis de frequência diferentes?

SE3: Não, baseiam-se numa composição química diferente, e a composição química é uma fisicalidade que não está disponível no meu universo. Agora, pense que a diferença em uma entidade e seu ambiente se baseia na energia—uma energia baseada numa condição ambiental, sem precisar ser realmente parte de uma dimensão específica—e você tem a capacidade dessa entidade ter uma energia singular em seu ambiente, embora faça parte dele porque existe nele. Isso significa que o conteúdo do universo não é opaco; é sempre claro. Uma entidade pode passar através dele, de qualquer parte dele, à vontade, sem obstáculos ou resistência. Percebi que você está tendo dificuldades com isto.

EU: Sim, um pouco.

SE3: Bem, pense nisso desta maneira: a entidade é uma com o universo e o universo é um com a entidade. A única diferença é que o universo tem uma única inteligência/senciência própria. Partes dele também possuem inteligência e senciência. Essas partes menores viajam pelo universo associando aquela parte de sua inteligência onde desejam. Isto faz com que os locais de sua assinatura energética—se quiser chamá-la assim—sejam relocados para aquela parte do universo onde queriam estar presentes. Portanto, isto dá a impressão de que se moveram sem impedimentos.

EU: Por que você usou a palavra "locais"*? Geralmente, ela é atribuída a um número de pontos situados a uma distância física *de um ponto de origem que criam uma curva ou que podem estar relacionados a um ponto específico de uma curva.*

SE3: Essa seria uma boa descrição de minhas entidades. Elas têm um ponto de origem e outros pontos onde seu intelecto entra em foco. Quando um ponto específico tem mais foco do que outros—ou seja, atribuiu-se a ele mais senciência—então pode ser chamado de local dessa entidade. É similar a aquela parte de você que está digitando este texto agora, o local da sua parte projetada no plano físico de seu multiverso para criar você como ser humano. Logo, possuem um local para indicar que essa é a maioria deles no universo deles. É assim que mantém sua singularidade dentro do universo e que podem se mesclar—unindo pontos de seus locais—ou se separar removendo pontos de seus locais.

EU: Certo. Então, determinei que você criou um universo singular, que tem dimensão e frequência elevadas. O universo tem sua própria senciência e é povoado por uma única raça de entidades que possuem a capacidade de se mesclar ou de se dividir em entidades menores. Os planetas ou áreas de densidade local, se pudermos chamá-los assim, não possuem mais densidade do que uma nuvem na atmosfera do meu planeta. As entidades evoluem sendo criativas por seu próprio direito.

SE3: Esse seria um resumo razoável.

Trabalhar juntos—uma tarefa para a vida!

EU: Mas não consigo deixar de sentir que estou perdendo de vista alguma coisa. É como aquela peça necessária de um quebra-cabeças antes de poder encerrar minha conversa com você.

SE3: Você quer saber o que minhas entidades fazem quando são atraídas para trabalhar nas vizinhanças de densidades locais que vocês chamam de planetas.

EU: Certo!

SE3: Então, vou lhe dizer, pois vejo que você quer chegar ao âmago da questão, aos níveis básicos da existência no meu universo.

EU: Correto.

SE3: Minhas entidades não precisam das armadilhas da vida que vocês criaram em seu universo, e, por isso, não as usam e nem as criam. Em seu universo, as entidades encarnadas estão presas à necessidade de criar objetos tecnológicos para ajudar na existência cotidiana. Bons exemplos são as áreas seguras aonde vocês vão para se regenerar—vocês as chamam de casas—e os diversos meios que usam para que o corpo físico viaje de uma parte do planeta ou universo para outra. Alguns de vocês possuem até dispositivos que permitem transporte interdimensional. Nada disso é necessário no meu universo.

Como falamos recentemente e você expressou eloquentemente, minhas entidades podem se mesclar ou se separar para evoluir da maneira que preferem. Quando trabalham juntas como equipe, fazem-no como uma equipe de entidades mescladas, uma equipe de entidades separadas ou uma mistura de ambas. Quando trabalham em equipe, às vezes consideram vantajoso trabalhar num ambiente onde têm conectividade limitada com o resto do universo. Para isto, alinham-se na área de densidade local que vocês chamam de planeta. Bem, eu disse antes que os planetas do meu universo não têm natureza sólida; como resultado, não possuem o que você chamaria de fisicalidade. Na verdade, não fazem parte de um sistema solar ou de uma galáxia, que são grupos de áreas de densidade local dentro de seu próprio universo, pois eles não existem.

EU: Então, os planetas são isolados e não fazem parte de um aglomerado de qualquer modo, forma ou formato?

SE3: Correto, mas estão distribuídos de maneira razoavelmente igual em meu universo. Sim, percebi que você captou uma imagem do que estou descrevendo. Pense numa matriz no que vocês chamam de 3D. Depois, pense no meu universo como sendo esférico e ocupado por essa matriz de áreas de densidade local. Com isso, você terá uma ilustração muito básica da maneira como o meu universo é povoado por planetas.

Figura 1: A esfera matricial

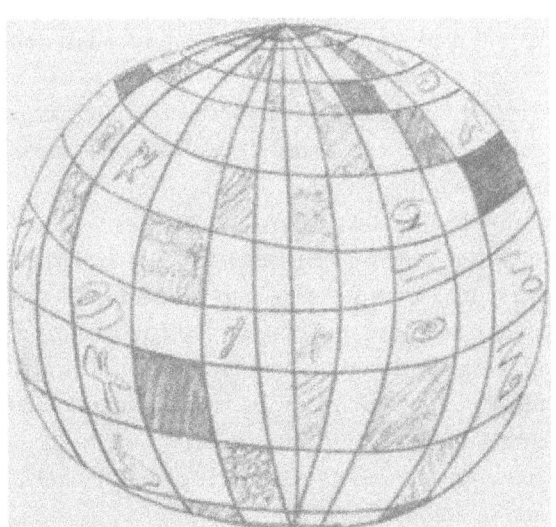

EU: E qual o tamanho deles?
SE3: Alguns são tão grandes quanto uma de suas galáxias, enquanto outros não são maiores do que a sua lua. Todos estão disponíveis para uso das minhas entidades em seus empreendimentos exploratórios, caso desejem usá-los.

EU: Isto é muito interessante—um universo singular, sem galáxias, mas repleto de áreas de densidade local ou planetas semelhantes a nuvens, com alguns tão grandes quanto uma galáxia do meu universo mas, ainda assim, um planeta. Mal consigo imaginar as possibilidades que se apresentam num planeta do tamanho de uma galáxia. O que fazem as entidades?

SE3: Já expliquei algumas das coisas que fazem segundo uma perspectiva elevada, mas percebo que você ainda quer alguma coisa extra.

EU: Sim, quero. Gostaria de entender como é a vida associada a esses planetas, mesmo que seja o caso de ficarem mexendo com energia durante centenas de anos.

SE3: Os planetas não são sólidos, e por isso as entidades que se associam com o planeta trabalham dentro deles, ou seja, na área onde o planeta existe. As entidades trabalham com aquelas com quem estão mescladas ou divididas em grupos. Enquanto operam nos confins desses planetas, o objetivo geral das entidades é usar a energia disponível no volume do planeta para criar algo de benefício evolutivo, tanto para elas mesmas quanto para as entidades mescladas ou separadas, mas agrupadas, num momento posterior da existência.

EU: E o que elas criam? Levando-se em conta que se trata de um nível de densidade inferior ao do universo onde se encontram, imagino que não seja muito.

SE3: Se elas forem trabalhar dentro dos confins do planeta, estarão limitadas a usar apenas as energias disponíveis nessa área. Como disse antes, elas criam coisas que têm importância evolutiva. Algumas dessas coisas podem ser construtos que, por sua vez, usam as energias disponíveis na área e as transformam noutras coisas úteis que não estariam disponíveis naturalmente, usando energias brutas.

EU: Então, você está falando da criação de novos materiais, criando algum tipo de liga energética?

SE3: Em suma, sim, mas esses construtos podem até criar um conjunto de energias mais finas do que as disponíveis no universo.

EU: Você está sugerindo que eles podem criar um universo melhor do que aquele em que existem, mas nos confins do planeta onde estão trabalhando?

SE3: Sim, esta é uma das principais razões para a existência de minhas entidades—ver se elas podem criar algo que é um aprimoramento do local onde existem, ou seja, o universo, não do ambiente planetário que é o estado de sublimidade.

EU: Não existe a chance disso criar um buraco em seu próprio universo, um buraco ocupado por um ambiente de frequência aprimorada/aumentada/refinada?

SE3: Sim, é empolgante, não é? Veja, o que minhas entidades estão fazendo quando criam uma área de aprimoramento é criar um universo novo, mas localizado. Dentro desse universo, podem fazer o que quiserem, e fazem mesmo! Vou lhe dar um exemplo de uma área de aprimoramento que foi criada por um grupo de entidades mescladas.

Este grupo criou um universo e povoou-o com entidades que elas mesmas criaram. Estas também receberam o poder da criatividade, e, por isso, criaram seu próprio universo e o povoaram. Isto criou um universo dentro de um universo, parte de um planeta do universo total. Cada um desses universos tinha dimensão e frequência consistentes com o universo total, sendo um microcosmo desse universo. Dentro do primeiro nível do universo, as entidades criadoras também criaram entidades que não receberam o poder da criatividade, mas receberam propósito—o propósito de uma resposta automática às necessidades das entidades criadoras.

EU: *Qual foi esse propósito? Foi similar aos papéis que os espíritos da natureza têm no meu universo, ou foi outra coisa?*

SE3: Se você está aludindo à necessidade de seus espíritos da natureza manterem a integridade de sua terra e da área vizinha, então a resposta é sim. O objetivo de terem sido criados era ajudar na existência continuada do universo criado e seu conteúdo. Esses universos ou construtos criados têm um período de existência ou utilidade limitado caso sejam deixados sem assistência. Como resultado, essas entidades criadas para propósitos automáticos têm apenas um papel: assegurar a manutenção da intenção criativa.

Intenção criativa

EU: *Agora eu me perdi. O que você quer dizer com "intenção criativa"?*

SE3: Você tem este seu universo; o pensamento faz parte de sua intenção criativa. A única diferença é que quando você usa sua intenção criativa e cria alguma coisa—seja um objeto, seja uma situação—aquilo que você criou permanece existindo, a menos, é claro, que seja transposto para outra energia por alguma razão. No universo que minhas entidades criaram, elas precisam criar entidades que mantêm a intenção que criou o universo onde foram criadas para existir. Noutras palavras, são o coro que continua a cantar a canção iniciada pelos maestros do coral. Seu único propósito é manter o campo de energia que mantém o universo inflado e mantém tudo que foi criado para existir dentro do universo, inclusive elas mesmas.

EU: Deve ser uma tarefa e tanto, sabendo que se você perde a concentração e qualquer parte da intenção criativa, pode sumir da existência.

SE3: Essas entidades não conhecem essa possibilidade, pois não são sencientes. Sua existência é infinita, ou até as entidades criadoras decidirem desconstruir o universo que criaram, se decidirem mesmo desconstruí-lo.

EU: Então, se essas entidades precisam criar entidades para perpetuar sua intenção criativa, o que estão fazendo se não conseguem manter sua própria intenção?

SE3: Estão criando noutros lugares do planeta onde se alinharam. Portanto, precisam se divorciar da intenção criativa em torno de sua criação do universo antes de poderem continuar a criar algo novo.

EU: Então, essas entidades são equivalentes a suportes de teto de minas de carvão?

SE3: Numa palavra, sim.

EU: Há outras entidades criadas para a manutenção das criações do "universo dentro do planeta"?

SE3: Percebi que você está pensando no equivalente a animais de seu próprio universo.

EU: Bem, estava pensando tanto no físico quanto no energético, não só no físico.

SE3: Os animais têm um papel a representar em sua própria fisicalidade, pois existem a fim de manter a ecosfera. A resposta é não. As outras entidades criadas para ajudar a manter outras áreas de pensamento criativo não podem ser consideradas animais, pois são criadas puramente para o uso para o qual foram criadas. Seus animais têm outro papel importante; são suas companhias nas profundezas da fisicalidade de baixa frequência.

EU: Nesse caso, você as chamaria de máquinas energéticas, porque parecem estar fazendo o trabalho de uma máquina?

SE3: Não, também são mais do que isso. Conhecem as necessidades das energias com que trabalham para manter a intenção que cria o universo com que trabalham, pois intenção também é energia. É preciso haver certo nível de autonomia em sua existência para permitir que trabalhem com o fluxo e o refluxo da energia da intenção.

EU: Como assim, fluxo e refluxo? Essa energia aumenta e diminui?
SE3: Claro. A energia da intenção torna-se disponível pela entidade criadora sempre que esta cria a intenção de criar alguma coisa, por menor que seja. Depois que a entidade criadora envia sua intenção para o universo onde ou com que está trabalhando, essa energia precisa ser mantida, especialmente se a intenção é criar algo permanente. É para isso que servem essas entidades—dar continuidade à energia de intenção necessária para continuar a criação. Agora, vamos voltar ao fluxo e refluxo. A energia de intenção só é necessária enquanto se exige que essa criação esteja presente. Quando a criação não se faz mais necessária, a energia de intenção que a criou volta à entidade criadora; portanto, a energia da entidade de manutenção se reduz, bem como a carga de trabalho necessária para manter a existência dessa criação.

EU: Espere um pouco. Você está sugerindo que a entidade de manutenção precisa sustentar, manter no presente, o pensamento que apoia a intenção?
SE3: Sim, essa é sua carga de trabalho. Por cima disso tudo, um dos principais trabalhos que ela tem é manter o pensamento que criou a energia de intenção que a criou. Ela tem, portanto, incentivo para dar continuidade a esse trabalho.

EU: Mas em algum momento, a entidade criadora vai precisar remover a energia da intenção que está mantendo sua própria existência.
SE3: Sim, mas isso só acontece quando o grupo de entidades que criou o universo decide fechá-lo e quando todas as oportunidades evolutivas imputadas a aquele universo tiverem sido experimentadas por essas entidades destinadas a experimentá-las. Neste caso, as entidades criadoras assumem o controle de suas próprias intenções e as removem da matriz universal maior—removendo com isso o universo. Basta dizer que um universo de tamanho decente tem um longo tempo até chegar a esse ponto em sua existência. Às vezes, novas entidades, que não estavam na lista original, podem solicitar a oportunidade de experimentar esse ambiente, estendendo assim sua existência além do planejado.

EU: E qual seria a aparência de uma dessas entidades de manutenção da energia de intenção?
SE3: Você é tipicamente humano e precisa ver tudo.

EU: Sim, sou.
SE3: Sua Entidade Fonte me avisou sobre isso.
EU: Sinto muito, mas me ajuda a compreender e me permite explicar para os outros que querem compreender de maneira que compreendam.
SE3: Então, vou descrever uma delas para você. Se você fosse vê-la com seus olhos energéticos e depois aplicasse essa imagem a seu córtex cerebral, ela se pareceria com uma esfera repleta de estrelas de cores diferentes. Cada uma das estrelas representa um nível de energia relacionado com determinada intenção. A cor da estrela representa o nível de atenção e de intenção que a entidade mantenedora precisa sustentar para mantê-la manifestada.
EU: Consigo ver apenas uma imagem no olho da mente. A imagem que vejo é uma bola cheia de estrelas, mas a entidade tem apenas estrelas brancas, exceto por duas azuis.

Figura 2: A bola cheia de estrelas

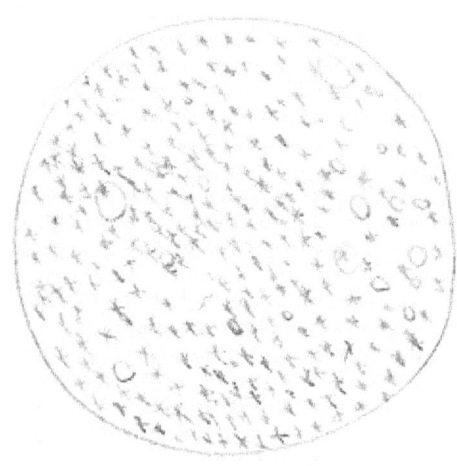

SE3: Sim, muito bom. Esse é um exemplo de uma entidade que exige um nível equilibrado de atenção, mas com duas intenções que não são muito importantes.
EU: Por que uma intenção teria menos importância?
SE3: Porque todas as oportunidades que ela oferece já foram usadas; portanto, a intenção está quase voltando à entidade criadora. A cor

representa o número de entidades que se aproveitam da intenção para finalidades evolutivas. A cor azul, portanto, indica que apenas algumas entidades estão usando a criação gerada por essa intenção.

EU: Bem, eu gostaria de dar aos leitores uma ideia da aparência do ambiente universal caso fosse visto com olhos físicos.

SE3: Você precisaria usar o processo que descrevi acima, pois do contrário não seria capaz de percebê-lo. Imagine que você está no centro daquilo que vocês chamam de luzes do norte, a aurora boreal. As propriedades magnéticas do planeta onde vocês existem manipulam a energia universal (cósmica) de tal maneira que proporcionam um exemplo razoável de sua aparência em um de seus níveis.

EU: Ele está repleto de cores diferentes.

SE3: Sim, mas não é isso que estou tentando descrever. Estou me referindo às energias e ao modo como elas estão sendo manipuladas pelo fluxo magnético. Neste caso, o fluxo magnético pode ser usado para descrever uma entidade, e as cores da atmosfera representam o modo como essa energia reage à manipulação. Naturalmente, as cores são apenas uma manifestação daquilo que está acontecendo com as energias sob influência da magnetosfera, algo que você pode perceber, mas lhe dá uma ideia pois há muitos níveis de fluxo magnético na magnetosfera. O efeito exercido sobre as energias universais não se acha dentro de sua faixa de percepção. Basta dizer que o ambiente universal manipulado por minhas entidades reage de um modo que pode ser descrito neste método. Os ambientes planetários seriam, portanto, um subconjunto de energias mantidas no lugar por uma única energia. Isto dá às minhas entidades a oportunidade de usarem outras energias, juntamente com sua intenção, para manipulá-las à vontade, criando assim seus próprios universos e entidades.

Como disse antes, a fisicalidade não está disponível no meu ambiente. Existem entidades no nível superior de frequências associadas à sublimidade, e por isso não há dados em você que eu possa usar para permitir uma descrição mais profunda de mim e de minhas criações.

Agora, vou deixá-lo para que você contemple aquilo que lhe foi dado.

Encerrando—Uma palavra da Origem

E com isso, aquela Entidade Fonte Três se foi. Não houve mais contato. Tentei elevar minhas energias e percepção para envolver meu aspecto superior, indo bem além dos níveis nos quais fiz meu contato inicial com nossa própria Entidade Fonte e até a periferia da energia que eu sabia que era a Origem. Era um lugar onde eu esperava poder me conectar novamente com a entidade com que acabara de me comunicar, mas tudo que consegui foi a imagem de todas as Entidades Fontes, todas reunidas e formando aquela parte da Origem que ela havia dedicado a ser separada dela mesma, mas dentro dela, auxiliando em sua busca por maior autocompreensão, percepção e evolução.

As Entidades Fontes abaixo de mim apareceram como um grupo de bolas escuras e opacas. Cada bola aloja a inteligência que é a Entidade Fonte e suas criações, ambientes universais e multiversais, juntamente com as entidades que os ocupam. Experimentei a sensação de admiração por estar mais uma vez nesta área da Origem, fora dos limites da minha Entidade Fonte e na área intermediária—a área que fica além das Entidades Fontes e antes das camadas externas da Origem, aquela área que é e só pode ser a própria Origem. Busquei o contato com a Origem visando entender isso melhor.

EU: Já faz algum tempo desde que conversamos, pois estive concentrado na comunicação com minha própria Entidade Fonte e as Entidades Fontes Dois e Três.
O: Sim, e você ainda tem de se comunicar com as outras. Essa tarefa que você escolheu não é fácil, pois sua frequência é diferente da frequência de todas elas, exceto sua própria Entidade Fonte e, naturalmente, da Minha.
EU: Sinto que depois de ter estabelecido um vínculo com a Entidade Fonte com que estou me comunicando, posso me comunicar com ela. Devo dizer que acabo me sentindo bem mais cansado quando me comunico com as outras Entidades Fontes do que quando me

Além da Fonte, Livro 1

comunico com aquela que me criou. Também sinto que, até agora, a profundidade da informação que estou recebendo não é o que eu esperava.

O: Você esperava mais detalhes?

EU: Numa só palavra, sim.

O: Se você confrontar o nível de detalhes que obteve de sua própria Entidade Fonte e compará-lo com aquilo que recebeu em suas comunicações com as outras duas Entidades Fontes, perceberá que a profundidade é similar. A única diferença é que no primeiro livro você se deteve um pouco mais no aspecto humano do ambiente da Entidade Fonte Um.

Dediquei algum tempo para examinar mentalmente a informação sobre o primeiro livro que estava na minha mente e percebi que a Origem estava correta. Os detalhes e a profundidade eram similares. Mas ainda estava faltando alguma coisa. A Origem me respondeu antes que eu tivesse a chance de fazer a pergunta.

O: Lembre-se, em sua forma atual, seria uma tarefa impossível assimilar todas as informações que existem apenas em um universo criado por sua Entidade Fonte, para não falar no que existe em qualquer um dos outros universos, dimensões e frequências. As informações que você recebeu são um microcosmo da realidade maior—não que não sejam importantes. Qualquer nível de informação que traga a verdade para as frequências inferiores é importante, e cada uma das entidades que assume esta tarefa nobre é capaz apenas de vislumbrar e assimilar uma pequena parte da imagem, uma única peça de um quebra-cabeças extremamente grande.

Outra coisa a se lembrar é que você não está sozinho neste trabalho, pois muitos escolheram assumir um aspecto da entrega da verdade à humanidade. Nenhum de vocês conseguiria fazer isso sozinho, e nem seria desejável que fizessem isso sozinhos, pois a humanidade não é capaz de assimilar tal conhecimento no volume que seria necessário para acomodar tais informações. Isso tem de ser feito, e está sendo feito, na velocidade e no volume ideais para a absorção desse conhecimento pela consciência projetada daqueles que estão interessados e se tornando conscientes, e exposto a aqueles que estão interessados e se tornando conscientes.

Portanto, o trabalho que você está fazendo acha-se tanto no nível correto como no período correto de eventos. O único conselho adicional que lhe daria é que não se desanime quando sentir que a comunicação é difícil e lenta ao entrar em contato com as outras Entidades Fontes, porque você está lidando com energias que normalmente não são experimentadas por entidades do ambiente da Entidade Fonte Um. Eu também lhe pediria para entrar mais em seu aspecto superior, pois assim suas energias vão ficar mais alinhadas com as minhas energias do que agora. Isto vai ajudá-lo a tornar sua comunicação com as Entidades Fontes restantes menos cansativa, pois você usará um meio de energia mais universal do que aquele que é específico da Entidade Fonte que o criou. Logo, você não vai precisar depender tanto da função tradutora oculta proporcionada por sua Entidade Fonte.

EU: Grato. Vou me esforçar para fazer o melhor nesse caso.

O: Só mais um conselho sobre o nível de seu aspecto superior. À medida que você trabalhar mais e mais com esse nível do seu "eu", você vai se sentir dissociado do plano físico de sua existência. Será preciso tomar cuidado com isto, pois vai afetar seu julgamento físico e sua capacidade de discriminar corretamente quando for interagir com pessoas do plano físico que trabalham ao seu redor e com você.

Agora, vá e trabalhe com esta informação, e comece a se comunicar com a Entidade Fonte Quatro.

Capítulo 4
Entidade Fonte Quatro

As Entidades Fontes Um, Dois e Três mostraram-se quebra-gelos para mim, pois estava um pouco preocupado em não ser capaz de sustentar a energia o suficiente para conseguir me comunicar durante qualquer período de tempo. Não quero dizer que achei fácil a comunicação com a Entidade Fonte Três. Durante parte do tempo, senti-me bem cansado, especialmente quando estava na posição de receber informações que compreendi claramente segundo uma base perceptiva, mas simplesmente não dispunha da linguagem para descrevê-la, como a diferença entre os ambientes aos quais fui exposto. Estava pensando nisto e nas maravilhas a que a Entidade Fonte Quatro (SE4) me exporia quando a Entidade Fonte Um, a entidade responsável por criar tudo que nós conhecemos, decidiu que era hora de eu sair de cima do proverbial muro e começar a aprender o processo de comunicação que resultaria na minha capacidade de me vincular diretamente à Entidade Fonte Quatro.

SE: Chegou a hora de você se elevar até o próximo nível de comunicação. A Origem me disse que você precisa começar imediatamente, pois as energias que o cercam e aquelas a que você foi exposto enquanto se comunicava com a Entidade Fonte Três proporcionarão um trampolim útil para seu alinhamento com as energias que serão fundamentais para a comunicação com a quarta Entidade Fonte.

EU: Como assim? Os ambientes das Entidades Fontes Três e Quatro têm frequência similar?

SE: Não, as frequências usadas na criação dos ambientes associados com a Entidade Fonte Quatro são até maiores que as da Entidade Fonte Três. O problema é que a lacuna das frequências com as quais você está acostumado e alinhado em meu multiverso é grande demais para possibilitar a comunicação sem que você se eleve antes durante certo período de tempo. Em suma, você precisa ser normalizado. Normalmente, o processo de normalização levaria algumas semanas caso estivéssemos começando do zero, mas como você já tem um nível residual de frequência mais elevada e diferente, podemos dar o salto até o nível e o tipo de frequência necessários de uma só vez. Isso é algo que será corriqueiro para você depois de começar a trabalhar com as outras Entidades Fontes, pois quanto mais contato mantém com elas, mais fácil você considerará a comunicação. De fato, a adaptação a tais frequências também vai lhe permitir compreender melhor o que você está experimentando, dando-lhe uma linguagem para usar ao descrevê-las em seus textos.

EU: Segundo a minha perspectiva, a impressão é que as frequências de seu multiverso são inferiores às das outras Entidades Fontes.

SE: Não se trata disso; é que as outras são diferentes. Mas é preciso lembrar de uma coisa: só algumas de nós decidimos criar ambientes que chegam às frequências e dimensões mais baixas da Origem. Por isso, você não vai experimentar muitas coisas que consideraria similares à sua própria condição atual, pois sua condição atual está no ponto mais baixo das frequências físicas.

Não nos atrasemos mais, pois durante esta breve conversa eu elevei e modifiquei as características de sua fisicalidade em frequência superior para você poder fazer contato com a Entidade Fonte Quatro. Você pode começar quando estiver pronto.

O diálogo com minha própria Entidade Fonte se interrompeu e eu estava novamente por conta própria. Agora, os diálogos com minha própria Entidade Fonte eram tão comuns que era como se eu estivesse conversando com um amigo sentado do meu lado; como resultado, a sala pareceu vazia. Concentrei-me na tarefa à minha frente: conectar-me com as energias que me ligariam à entidade com a qual eu me comunicaria nos três meses seguintes. Eu não tinha ideia da sensação de sua energia, só sabia que tinha sido alinhado com ela, de alguma forma, por minha própria Entidade Fonte. No momento que acabei de digitar a última frase, senti meu corpo formigando e um peso muito grande surgiu subitamente na minha cabeça.

Contato inicial

Além da Fonte, Livro 1

EU:É a Entidade Fonte Quatro entrando em contato comigo?
SE4: É sim, estava esperando você e você parecia estar enrolando! Por isso, resolvi iniciar pessoalmente o contato em lugar de esperar que você o fizesse.
EU: Não esperava por isso, uma Entidade Fonte entrando em contato comigo. Geralmente, é o contrário.
SE4: Temos muito a discutir e não temos muito tempo para fazê-lo. Do que você gostaria de falar em primeiro lugar?
EU: Tenho um formato aberto (eu estava começando a perceber que a rigidez de meu formato inicial estancava o fluxo de informações). Gostaria de entender como e quando você se tornou consciente, o que fez com que você se decidisse pelo tipo de ambiente que criou e que entidades você criou para povoar esse espaço. Além disso, gostaria que você descrevesse tanto o ambiente quanto as entidades.
SE4: Você não pede demais; deixe-me ver como posso ajudá-lo sem dificultar demais as coisas para você. Vou começar pelo despertar, pois sua própria Entidade Fonte me falou do seu formato, do que gosta de falar e em que ordem. Mas saiba de uma coisa, vou diversificar quando sentir que as informações que estou lhe dando são muito similares às que as outras Entidades Fontes lhe deram, pois existe certo nível de cruzamento resultante da própria natureza do que somos, facetas da Origem.
EU: Certo, entendi. Há similaridades entre os ambientes criados pelas outras Entidades Fontes—similaridades que, se incluídas com muita frequência em meus textos, podem prejudicar a mensagem que estou tentando trazer para o público da Terra.
SE4: Correto. Vou começar. Fui uma das primeiras a me dar conta de quem e do que eu era. Isto não quer dizer que eu seja melhor do que as outras. Simplesmente, tive uma compreensão espontânea e não um despertar gradual. Foi como você estar adormecido num instante e acordado no próximo. Embora eu não tivesse um conjunto completo de memórias de minha existência, como você e sua existência atual, eu sabia que tinha sido criada pela Origem e que tinha um trabalho a fazer. Esse trabalho, como eu também sabia, era o mesmo das outras que encontrei ao meu redor.
EU:E qual a aparência das outras segundo a sua perspectiva?

SE4: Eram exatamente como você as vê quando posiciona sua percepção e inteligência fora de sua Entidade Fonte; éramos como um punhado de bolas pretas reluzentes, todas amontoadas juntas. Uma ou duas delas moviam-se periodicamente para fora do grupo e mudavam de forma e aparência, ou até criavam coisas à sua frente ou ao seu redor.

EU: Acabei de receber a imagem de uma das Entidades Fontes criando uma nuvem rosa violácea diante delas.

SE4: Sim, foi a Entidade Fonte que você vai chamar de Entidade Fonte Seis (SE6). Ela tem uma personalidade forte e está sempre pronta para o que você chamaria de "travessuras".

EU: Travessuras? Como é que uma Entidade Fonte pode ser travessa? Achava que vocês eram seres muito responsáveis.

SE4: Claro que somos, mas também temos personalidade. Você já percebeu isso algumas vezes. É que você resolveu ignorar a questão. Como comecei a descrever meu despertar, vou prosseguir nesta linha.

Levei algum tempo (usei esta frase para ajudá-lo, não por mim, por falar nisso) para reconhecer que tinha, na verdade, acabado de entrar na existência totalmente consciente. Minha memória de eventos começou num único ponto, não muito distante de minha percepção da falta de memória de longo prazo. Armazenei esse pensamento várias vezes à medida que me interessava por aquilo que estava acontecendo à minha volta, com as outras Entidades Fontes tornando-se conscientes e fazendo experiências com energia e formas. Suas experiências me distraíram em minha autoanálise; como resultado, esqueci meu autoquestionamento. Eu tinha começado a fazer o que elas estavam fazendo, pois naquela ocasião pareceu-me ser a coisa certa a se fazer.

EU: E o que você fez? Eu já recebi algumas informações sobre o que vocês fizeram nos primeiros milênios de sua existência, mas eu gostaria de ouvir o que cada Entidade Fonte fez diretamente de cada uma.

SE4: Como disse, no começo eu estava "me" questionando, mas minha atenção foi atraída por aquilo que as outras Entidades Fontes estavam fazendo. Elas estavam se experimentando de todas as maneiras possíveis—desde a criação do que vocês chamariam de "formas" com suas energias e formas externas até criarem duplicatas delas mesmas em todos os níveis dimensionais e frequenciais possíveis. Durante algum tempo, eu as copiei—repetindo tudo que cada uma delas fazia consigo mesmas e entre elas. Mas isto não durou muito, pois eu estava mais interessado em saber o que eu não era e explorar isto.

EU: Como assim, o que você não era?

SE4: Cada uma de nós tem áreas que não fazem parte de nós. São o que vocês chamariam de "espaços vazios". Achei muito interessante saber que havia espaços vazios em mim.

EU: Como vocês têm espaços vazios? A minha Entidade Fonte tem espaços vazios?

Para mim, isso foi um pouco bizarro e não foi uma coisa que eu tenha encontrado em qualquer de minhas comunicações anteriores com as Entidades Fontes com que entrei em contato ou com a Origem.

SE4: Todas as Entidades Fontes têm espaços vazios. Por isso, uma das coisas pelas quais me interessei foi a razão para termos esses espaços vazios. Foi a minha principal distração antes de voltar à questão do "eu", embora você possa argumentar que ambos fazem parte da mesma coisa.

EU: E onde ficam esses vazios? Posso imaginar que seriam áreas nas quais haveria uma falta local de densidade, em termos energéticos.

SE4: Não é isso. A localização de um espaço vazio pode ser no centro de uma área que você diria que tem energia densa; também pode ficar numa área com pouca energia, ou na interface entre a energia densa e a fina. Descobri que essa é uma de nossas funções.

EU: Por favor, explique o que você quer dizer com "nossas funções". Como a distribuição de energia pode ser uma de suas funções?

SE4: Vou lhe dar o exemplo da função e da forma.

Como entidade projetada numa área energeticamente muito povoada, você precisa saber que algumas de suas partes são mais densas do que outras e que todas essas partes têm uma função. Por exemplo, seu fígado tem a função de ajudar a limpar o sangue no físico e regular o fluxo de energia no energético. O sangue em si não é tão denso, e é, portanto, um fluido, com a tarefa de levar oxigênio e nutrientes para o resto do corpo e órgãos maiores. Energeticamente, sua tarefa é criar uma estrutura das energias universais usadas em seus corpos energéticos, que seus curadores chamam de níveis astrais 5, 6 e 7, que atuam como uma gaiola de energia mantendo as energias corretas no corpo e ao redor dele, e repelindo aquelas que não são necessárias para a função contínua do veículo físico. Dentro do seu corpo físico, você tem espaços vazios, áreas entre órgãos, ossos, músculos e veias (artérias). Esses vazios permitem a expansão e contração desses órgãos durante diversos estágios da função. Os vazios também estão presentes como resultado do fator de "incompatibilidade de forma" dos órgãos, ossos etc.—e o fator forma é correto para a função que têm, mas não para seu ajuste eficiente no quebra-cabeças que é o corpo humano físico. O mesmo acontece conosco.

EU: *Espere aí. Você está insinuando que as Entidades Fontes têm órgãos, áreas de energia com especializações, tarefas a cumprir? Achava que vocês eram puramente energéticas.*

SE4: Somos puramente energéticas, mas temos áreas de energia com tarefas específicas a cumprir. Foi o que descobri quando fazia minhas investigações sobre mim mesma. Uma coisa que você precisa entender, porém, é que essas áreas especializadas de energia—e elas estão espalhadas por toda parte em nós—fazem parte de nossa função, permitindo-nos ser quem somos, separadas mas parte da Origem. Os espaços vazios são apenas áreas sem necessidade de função, e, portanto, sem necessidade de energia—ou seja, qualquer tipo de energia. Mas os espaços vazios são um fator interessante. Estou descobrindo que algumas das entidades que criei usam-nos para ir de uma parte de mim para outra. Como não há energia, não há resistência ao movimento. Poderemos falar sobre isto com mais detalhes logo adiante, pois quero lhe transmitir mais detalhes sobre como eu e minhas colegas somos feitas.

EU: *Certo, prossiga. Acho que este é um desenvolvimento muito interessante.*

SE4: Como disse antes, cada uma de nós tem energias com funções. Estas funções são para o uso e a manutenção de "nós mesmas" visando a perpetuação. Seria melhor eu relacionar primeiro essas funções e depois explicar suas tarefas de forma um pouco mais detalhada. São estas:

- Estrutura
- Forma
- Volume
- Detalhe
- Compartimentalização
- Singularidade
- Diversificação
- Multiplicidade
- Si mesmo
- Recordação
- Existência

Estrutura é a primeira função de uma Entidade Fonte. Ela é independente e interconectada com forma e volume, qualquer que seja a energia ou seu tipo. É o que somos, e mantém nosso nível de inflação, digamos assim. Toda entidade tem algum tipo de estrutura, por mais diversa que seja.

Forma é o que escolhemos ser para maximizar o número de ambientes que criamos. Ela está interligada à estrutura e ao volume. A forma não se relaciona necessariamente com a figura, pois é uma função da divisão e das energias necessárias para manter essa divisão. Também pode estar conectada com a compartimentalização ao se criar ambientes independentes e desconectados.

Volume é o modo como resolvemos nos inflar a fim de acomodar os ambientes e as entidades que criamos. Está interconectado com a estrutura e a forma. Tal como ocorre com a forma, o volume também possui um vínculo com a compartimentalização, pois posso alterar meu volume em algumas de minhas áreas para permitir a criação de um ambiente que leve em conta toda a energia de certo tipo, caso eu o deseje. Isso é particularmente útil se eu quiser fazer um experimento com um ambiente repleto de um único tipo de energia. Dependendo de qual função de manutenção está sendo realizada, o volume também aumenta ou diminui.

Detalhe é aquilo que está sendo investigado por cada uma de nós, inclusive a Origem. É o detalhe do "si mesmo" que nos dá nossa individualidade, nossa existência ou personalidade, se preferir. Embora cada uma de nós tenha sido criada em igualdade, são os detalhes que nos distinguem.

Compartimentalização é o que fazemos quando criamos um ambiente. É uma função que permite que nossa funcionalidade normal opere sem a necessidade de manter o ambiente que foi compartimentalizado. Podemos colocar o ambiente no modo automático, digamos, ou confiar a manutenção do ambiente a um grupo de entidades criadas para tal função. Sua própria Entidade Fonte fez isto para o seu ambiente. Do ponto de vista da criatividade, é uma função particularmente útil, pois significa que nem o ambiente criado, nem eu, nos contaminamos um ao outro.

Singularidade é uma função da existência e do detalhe. É o que nos mantém autônomas da Origem. Ser uma singularidade significa que somos responsáveis por nós mesmas e pela manutenção de nossas criações. Recebemos a singularidade da Origem. É um presente muito especial.

Diversificação é uma função de nossa capacidade de fazer experimentos com os diversos modos de evolução. Quando novas maneiras são descobertas, ela usa essas maneiras em paralelo para acelerar nossa evolução e nossa capacidade total de entregar esses dados à Origem.

Multiplicidade é uma função superior da singularidade e da diversificação. É a capacidade de realizar muitas e muitas coisas ao mesmo tempo. Em sua linguagem, é a minha capacidade de estar em contato com todo o meu eu, minhas criações e meus ambientes simultaneamente, sem perder a concentração. É a onipresença de que falam seus sacerdotes. Faço isso porque todas as minhas energias e criações estão conectadas.

Si mesmo é a minha função que "existe". É resultado da operação correta e harmoniosa do detalhe e da existência. O si mesmo é aquilo que todas nós investigamos no início de nossa existência.

Recordação é uma energia com uma função muito importante. É a maneira como continuamos a saber quem e o que somos e o que realizamos. Ela é fundamental para a eficiência contínua da função de diversificação.

Existência é o resultado das funções combinadas de detalhe, si mesmo e singularidade. É uma função superior do si mesmo, sendo separada e independente, mas também sendo interdependente. É o que nos torna Deuses sob a sombra de um Deus maior, a Origem.

EU: Essas coisas não descrevem energias; todas elas são funções. Na verdade, pensando melhor, elas descrevem "condições".

SE4: Todas as funções precisam de energia para realizar suas tarefas, e por isso o componente básico de qualquer função é a energia que a envolve. É o que a faz acontecer. Além disso, uma função "é" uma condição. Nos exemplos que acabei de lhe dar, descrevi rapidamente funções ou condições da minha/nossa existência. Você precisa levar em consideração o fato de que a energia é a base de tudo que existe, desde o menor objeto inerte à maior entidade, tal como a Origem. Sem ela, nada existe. Ou seja, "coisa alguma" pode existir, pois haveria apenas o vazio. O vazio não contém energia; a humanidade ainda não entendeu este conceito.

EU: Porém, eles parecem confiar uns nos outros para sua própria existência.

SE4: Sim, claro, é o que fazem. Esta é a beleza da existência. Ela depende da harmonização de muitos fatores ou funções atuando juntos para criar o todo—a entidade completa; neste caso, eu. Vocês fazem a mesma coisa, se considerarem seus próprios corpos físicos e energéticos como exemplo. Todos os componentes que constituem os corpos físicos e energéticos humanos possuem um "coletivo" de órgãos com funções específicas a realizar; cada um deles é interdependente do outro, mesmo que você ainda não perceba isso. Alguns possuem certo nível de redundância, e alguns podem até ser removidos sem causar efeitos muito prejudiciais ao todo. Você pode sobreviver com um pulmão, um rim, um olho ou sem apêndice, por exemplo. Você pode até perder um ou dois chakras, desde que não se exponha a condições nas quais vai precisar de TODOS os seus órgãos, físicos e energéticos. Você ainda pode existir, embora num estado de desempenho reduzido. O problema deste estado é que você não sabe quais funções faltantes resultaram nesse estado de desempenho reduzido, pois ficou sem utilizá-las por um longo tempo. Portanto, seus órgãos físicos possuem um conjunto de funções superiores que, em alguns casos, exigem aquilo que você classifica como redundância ou duplicação. Por exemplo, você sabia que o apêndice tem uma função superior, associada ao acúmulo e distribuição daquilo que seus curadores espirituais têm chamado de energia da "estrela central"?

EU: Não, eu não tinha ideia.

SE4: Bem, ele tem, e sua disfunção é devida ao consumo de alimentos errados.

EU: Como você conhece tantos detalhes do corpo humano?

SE4: Todas as Entidades Fontes compartilham o conhecimento recebido da Origem, e como somos as primeiras criações da Origem, ganhamos aquilo que foi transmitido à Origem por nossas colegas.

EU: Então, o que uma aprende, todas aprendem.

SE4: Sim, isto faz parte do requerimento para a existência no meu nível, embora, em menor grau, todas as entidades possuam a capacidade de aprender com as experiências das outras entidades. A parte humana dos registros multiversais de seu próprio ambiente, os registros akáshicos, são exemplos disto, mas são uma abordagem mais manual, enquanto a minha é automática.

EU: Grato. Vamos voltar às funções e estrutura. Os nomes que você usou não são aqueles que eu usaria para descrever as funções das energias que o mantêm em existência como Entidade Fonte. Para mim, é difícil relacionar a nomenclatura com as funções.

SE4: As palavras que uso são aquelas encontradas em seu vocabulário. Em muitos casos, são tristemente inadequadas. Por isso, talvez as palavras que tenho usado para descrever minhas energias funcionais não sejam as ideais. No entanto, serão suficientes.

EU: Portanto, os espaços vazios nas energias também teriam uma função, embora sejam "vazios" em energia?
SE4: Sua posição é útil. A energia precisa fluir em torno desses espaços vazios, e o fluxo cria a função. Como disse antes em uma de minhas descrições anteriores, os espaços vazios permitem a expansão e a contração dessas minhas partes que têm trabalhos a fazer no sentido evolutivo. Quero dizer com isto que, às vezes, os ambientes que crio precisam ser maiores ou menores, dependendo do número de entidades trabalhando neles ou do tipo de trabalho que estão fazendo.

EU: Fale-me mais sobre o fluxo de energia e sua importância na função.
SE4: Essas minhas partes que me proporcionam estrutura precisam ter um fluxo de energia para permitir a operação da função. Veja, a energia não é e não pode ser inerte, estática ou estacionária. Ela precisa ter propósito. Portanto, o fluxo é um produto do propósito na energia. Mas vou lhe dizer uma coisa: o fluxo não é aquilo que você pensa que ele é. Você pensa no fluxo como sendo aquilo que a água faz quando se move em certa direção ou ao redor de um obstáculo. Na verdade, o fluxo é e pode ser descrito como direção, mas neste caso a melhor tradução para direção seria propósito.

EU: Então, quando você disse que a energia precisa fluir em torno dos espaços vazios de sua estrutura, você quis dizer que ela tem propósito. E qual seria esse propósito?
SE4: Nos pontos onde a energia tem um fluxo em torno dos espaços vazios, seu propósito consiste em manter os limites entre o vazio e o ambiente. O fluxo também é usado para criar uma estrutura para um construto ambiental e sua habitação. Pode ser a barreira entre ambientes e também pode permitir a viagem entre ambientes, caso deseje fazer isso.

Ambientes

EU: Gostaria de passar para a construção e os habitantes de suas criações, se possível.
SE4: Por favor, faça-o.

EU: Como é a construção de seu multiverso/universo? Nos meus diálogos com as outras Entidades Fontes, disseram-me como eram os níveis de dimensões e frequências, e aprendi que estão baseadas no número doze, sendo que minha própria Entidade Fonte tem 12x12x12x3 dimensões.

24 dimensões e 2.322 frequências

SE4: Eu tenho uma filosofia um pouco mais simples com relação a essas coisas, pois acredito que o excesso de complexidade é prejudicial para a tarefa da evolução. No meu caso, tenho 24 dimensões e frequências. Na sua linguagem, isso significa 12x2x0x3.

EU: Agora, você me confundiu. Eu teria imaginado que o método usado para descrever 24 dimensões teria sido simplesmente 12x2 e não 12x2x0x3.

SE4: Existe uma constante universal cujo uso é necessário na construção de uma dimensão e se baseia na maneira como a Origem é formada. Isso significa que precisa haver uma base para a primeira plataforma dimensional real, que, neste caso, é três. Ela também se baseia na mais baixa condição dimensional. Ela não se baseia em frequência.

Esta é uma coisa que parece estar deixando você confuso, pois você está misturando descritores frequenciais e dimensionais em sua mente.

EU: Achava que já havia deixado isso claro durante meus diálogos com minha própria Entidade Fonte.

SE4: Está claro que não. Sua Entidade Fonte disse que tem 12x12x12x3 dimensões, o que dá 5.184 ambientes dimensionais, mas ainda há apenas 12 dimensões, conforme lhe foi descrito em seu primeiro livro. Vou facilitar um pouco para você. Quando você multiplica os números que acabamos de mencionar, você obtém um número de ambientes separados. Cada um deles tem suas próprias frequências e gama de frequências. São ambientes dimensionais, não dimensões em si. Numa de suas comunicações anteriores com sua Entidade Fonte, vocês falam do conceito de que na verdade há dez dimensões, as três primeiras equivalentes a uma dimensão verdadeira e as outras nove sendo dimensões no sentido da palavra, pois todas precisam que as três primeiras estejam instaladas antes que elas mesmas possam existir, uma vez que as três primeiras são a base da existência dimensional.

EU: Então, se eu usar a descrição que me foi dada anteriormente, você tem doze dimensões dentro de dois ambientes.

SE4: Não é bem assim, pois a maneira como construí a compartimentalização de meus ambientes não se baseia na necessidade de áreas de existência aninhadas ou separadas. A Entidade Fonte Dois, por exemplo, tem quatro ambientes com as dimensões divididas nas quatro áreas, enquanto eu usei simplesmente minha totalidade para criar 24 dimensões. Naturalmente, se você usar a matemática para explicar o número de dimensões, obteria 72. Na verdade, porém, o último número (três), como já dissemos, realmente é igual a um.

EU: Portanto, você tem 24 dimensões para brincar, digamos.

SE4: Correto. Cada uma dessas dimensões é inflada com 2.322 níveis de frequência.

EU: Que número estranho. Por quê 2.322?

SE4: Esse é o número de frequências usadas para criar um ambiente útil sem sobreposições. No seu próprio ambiente, suas frequências têm cristas e vales onde é possível passar de uma frequência para outra em áreas nas quais a crista de uma frequência está diretamente próxima do vale de outra. No meu ambiente, isso não é possível, pois é necessária uma mudança de frequência verdadeira e substancial pela entidade individual para que ocorra a translação. Isto só é possível mediante uma mudança significativa na condição evolutiva.

EU: E quantas entidades você criou para ocupar esses 24 ambientes dimensionais?

SE4: Catorze bilhões, mais ou menos algumas centenas de milhares.

EU: Imaginei que você fosse capaz de identificar até a última entidade. Por que "mais ou menos"?

Entidades eternas e não-eternas

SE4: Enquanto vocês têm existência eterna, algumas das minhas entidades não têm. Isso foi o resultado do processo de criação que usei. A criatividade nem sempre é perfeita, uma condição que sua Entidade Fonte conhece muito bem. Por isso, algumas delas não duram muito e precisam ser recriadas. Ao fazê-lo, crio mais do que as que criei antes. Faço isto para compensar aquelas que são imperfeitas. O círculo da criação ainda não foi concluído; com o tempo, todas serão eternas, mas essa é uma tarefa à qual me dedicarei mais tarde na minha existência.

EU: *Então, você criou cerca de catorze bilhões de entidades, das quais algumas não são eternas. Como você ressuscita as que não são eternas quando morrem? Ou você as substitui com outra entidade?*

SE4: Não as substituo, pura e simplesmente, pois devo-lhes existência contínua devido ao meu processo de criação. Nesse caso, trabalho nas energias de que são feitas e recrio-as com as energias que deveriam ter. Percebi que você ficou confuso com o uso que fiz de sua linguagem, e por isso vou explicar novamente. Quando recrio essas entidades, copio a essência do que são, tanto energética quanto vivencialmente—ou seja, essas experiências e o conteúdo evolutivo resultante deixam uma impressão na energia que é a entidade. Para ressuscitá-la completamente, preciso recriar a energia que resultou em seres eternos e imprimir a impressão de sua energia mais antiga—o conteúdo evolutivo e a personalidade energética, digamos, na nova energia que criei inteiramente. Isto assegura sua existência contínua.

EU: *Elas sabem que estão abaixo do padrão em comparação com as demais?*

SE4: Não. Nesse caso, retirei a memória da longevidade de cada uma de minhas criações até todas existirem em igualdade. Quando terminar esta tarefa, vou permitir que o conhecimento de que são eternas permeie seu campo de energia. Neste momento, elas não percebem, ou, na verdade, não compreendem que são eternas ou não. Simplesmente existem, e o resultado é que o trabalho que estão fazendo é interessante.

EU: *Como a entidade pode não saber que não é eterna, quando ela é claramente eterna? Estou falando dessas que realmente são eternas aí.*

SE4: Estou surpreso com você: a humanidade, em sua grande maioria, não ignora sua imortalidade?

EU: Tem razão. Pelo menos atualmente, no plano físico, não temos consciência de sermos eternos—não percebemos que somos energéticos, em nossa maioria, e que apenas uma pequena parte de nós está projetada nestas frequências baixas onde existimos num veículo muito sólido, o corpo humano físico, permitindo-nos experimentar a existência na parte material deste universo. Mas, sendo ao mesmo tempo espectadores e participantes do processo da morte, experimentamos a morte do corpo físico regularmente, mantendo-nos totalmente ignorantes do fato de que a vida no físico é transitória. Suas entidades também devem experimentar isto, até certo ponto.

SE4: Não, pois atualmente não sentem necessidade de experimentar a existência em frequências tão baixas, embora tenha experiência da fisicalidade.

EU: Mas devem saber que são eternas devido a seu longo tempo de existência e ao número de memórias que têm de suas experiências. Elas devem se lembrar dessas coisas, não?

SE4: Como disse antes, removo a memória da longevidade de todas as minhas entidades para que não saibam que são eternas. Faço isto permitindo que mantenham apenas as memórias mais recentes e algumas outras importantes, mas asseguro-me de que essas memórias importantes terão os marcadores de localização do evento removidas para que a entidade não possa situar a ordem ou perceber o evento em que aquele conhecimento foi adquirido em virtude da experiência.

EU: E para onde vai esse conhecimento se ele é removido delas com regularidade, segundo presumo?

SE4:Eu o mantenho comigo mesma, devolvendo-o a todas elas quando todas forem eternas.

EU: É uma quantidade imensa de informações que você está armazenando.

SE4: Tal como as outras Entidades Fontes, tenho dentro de mim uma área de energia destinada à retenção de experiências, não só minhas como de todas as experiências adquiridas por qualquer uma de minhas criações. Esta é a mesma energia que é passada como experiência para a Origem. Tudo o que faço é proporcionar um nível de compartimentalização para que as experiências de cada entidade individual sejam destinadas à entidade que teve a experiência. É uma rotina bem simples, realizada automaticamente depois de ter sido implementada. No seu ambiente multiversal, vocês têm algo similar; vocês o chamam de registro akáshico. A diferença é que no meu conjunto de registros, a entidade só será capaz de acessá-los todos depois que eu tiver dado existência eterna a todas as minhas entidades. Além disso, só serão capazes de ter acesso a seus próprios registros. Elas não serão capazes de ter acesso aos registros de quaisquer outras entidades em qualquer um de meus ambientes.

EU: Acabei de ver uma imagem no olho da minha mente que sugere que você compartimentalizou suas entidades em diversas seções de suas vinte e quatro dimensões. Pode me explicar o que estou vendo aqui?

SE4: Sim, claro, mas vejo que você imagina que eu separei as entidades eternas e coloquei-as num ambiente e as que não são eternas noutro.

EU: Essa ideia passou pela minha cabeça, mas vejo que não foi o que aconteceu em função do caminho que esta conversa está tomando.

SE4: Você estaria certo pensando assim. Não, eu não as separei dessa maneira, e o motivo pelo qual não fiz isso é, na verdade, bem simples. A razão é que estou mudando gradualmente as energias dessas entidades que não são eternas para torná-las eternas. Se eu as tivesse compartimentalizado em ambientes eternos e não eternos, então teria de tirar as entidades que criei como eternas do ambiente não eterno e levá-las para o ambiente eterno. Isto causaria o desequilíbrio da população de entidades de cada um de meus ambientes, o que, em última análise, resultaria em deixar vazio aquele que antes estava cheio de entidades não eternas. Não, eu não as separei por este motivo.

EU: Bem, eu gostaria de fazer algumas perguntas.

- Qual a aparência de seus ambientes?
- Eles têm aspectos físicos, como planetas etc.?
- Qual a aparência de suas entidades, como são constituídas e como apareceriam para nós?
- O que fazem suas entidades?

- O que suas entidades estão criando? Elas precisam criar para evoluir? [SE4: A criatividade é um requisito essencial e universal para a evolução]
- Como estão evoluindo?
- Como é sua organização/civilização?

SE4: Você tem muitas perguntas. Seria melhor trabalhar em cada uma separadamente, pois podem surgir muitas perguntas de cada uma. Creio que você diria que são perguntas encadeadas.

EU: Creio que você acertou.

Constantes envolvidas na Criação

SE4: Uma coisa que você precisa levar em conta é que existem diversas constantes envolvidas na criação de um ambiente. Essas constantes são o que recebemos da Origem para trabalhar, e como resultado você verá que algumas das descrições que vou lhe passar podem parecer semelhantes a aquelas que você já recebeu.

EU: Na verdade, uma coisa me preocupa. Será que os leitores deste texto não vão pensar que tudo isso foi inventado, que estou usando minha imaginação e que, em virtude da magnitude desta tarefa, estou ficando sem ideias?

SE4: Eles podem pensar o que quiserem. A verdade é que até nós temos limitações em nosso trabalho. Vou me explicar. As energias com que nós, as Entidades Fontes, trabalhamos, são essencialmente energia da Origem. Ela É a energia da Origem, e, como tal, temos todas o mesmo conjunto de energias, os mesmos tijolos, digamos, para trabalhar. Como resultado, é natural que haja similaridades. As similaridades são baseadas nas energias com que trabalhamos e como as combinamos durante nosso processo de criação. Vou lhe dar outro exemplo. As similaridades que você encontra na flora e na fauna de seu planeta devem-se ao fato de terem sido todas criadas usando o mesmo conjunto de tijolos que vocês chamam de DNA. O uso do DNA cria um conjunto finito de veículos físicos, alguns semelhantes, como humanos e símios, ratos e camundongos, todas as espécies de peixes, todas as espécies de aves. Essa natureza comum está por toda parte em virtude do uso dos mesmos tijolos. Por favor, saiba que sua Entidade Fonte acaba de me informar de que há muitas espécies que vocês ainda não catalogaram, pois algumas delas existem como entidades semi-físicas e outras ainda não foram criadas, pois as permutações disponíveis ainda estão longe de terem se esgotado. Neste caso, o universo é o limite. Mas vamos voltar para os meus ambientes.

Criei quatro ambientes ou universos principais, cada um consistindo em vinte e quatro dimensões e com 2.322 frequências. Embora a Entidade Fonte Dois tenha quatro ambientes, trata-se apenas de uma semelhança na divisão. E enquanto outras Entidades Fontes permitiram que todas as suas entidades e seus ambientes fossem puramente energéticos, decidi que todos os meus ambientes teriam o que você chamaria de aspecto físico em sua aparência. Isto significa que elas possuem níveis distintos de coesão energética, dependendo da dimensão e da frequência sendo experimentada.

Vejo que você está pensando em termos de sua própria natureza física.

EU: Devo admitir que estou pensando que partes do ambiente e de suas entidades possuem certo nível de solidariedade baseado na frequência.

Dimensões e frequência

SE4: É um exemplo razoável, pobre, mas útil como descrição. Vou lhe apresentar o conceito de uma maneira que você conseguirá entender, pois há uma diferença entre a compreensão das dimensões e das frequências.

À medida que você se eleva pelas frequências, você se afasta daquilo que experimentou na frequência anterior e começa a experimentar aquilo que está presente na nova frequência. Usando suas próprias frequências como exemplo, coisas como a escrivaninha diante da qual está sentado (que, portanto, tem uma frequência levemente inferior à sua e é sólida) não farão mais parte de seu novo nível de frequência. No entanto, você vai experimentar outras coisas consistentes com sua experiência ou expectativa do que é um objeto sólido, como a sua escrivaninha. É que as frequências se sobrepõem até certo ponto, e você ainda está dentro de um único continuum dimensional. Porém, se você pensar na mudança de uma dimensão para outra, terá de levar em conta uma imagem maior—a da dimensão e das frequências. Quando você passa de uma dimensão para outra, você também passa de um conjunto de frequências—alinhado com a dimensão anterior—para o conjunto de frequências alinhado com a nova dimensão. Embora o número dessas frequências seja o mesmo, as características podem ser diferentes, pois algumas frequências podem ser maiores ou mais amplas, mesmo que tenham natureza mais elevada.

EU: Espere aí. Eu imaginava que as frequências fossem apenas isso, frequências.

SE4: Não, a frequência tem mais características do que a ressonância, pois ela também tem propriedades que vocês chamam de magnitude, amplitude e rotação. Seus engenheiros de rádio sabem disso e usam isso com efeitos razoáveis. A frequência também tem características como posição espacial, posição dimensional, densidade, interação—a interconectividade entre frequências diferentes—e até posição—tempo. Tudo isso pode modificar a modalidade das frequências sendo experimentadas e o modo como operam dentro de uma dimensão específica. Uma coisa, porém, é comum. O relacionamento entre aquilo que se imagina que seja sólido—um sólido não atravessa outro sólido se for da mesma frequência e modalidade—e o que se imagina que não seja sólido, mas faz interface com a solidez, e o energético—aquilo que está presente em duas ou mais frequências ao mesmo tempo. Depois, adicione aquilo que é energético e energeticamente poroso—e as energias que se misturam vão formar uma nova energia composta, se desejado.

EU: Então, o que você está me dizendo é que aquilo que estou experimentando agora no físico seria duplicado, até certo ponto, na dimensão seguinte—e esse ponto seria consistente com os relacionamentos que tenho com os objetos que me rodeiam e as diferenças que temos em frequência. No entanto, não é este o caso quando subo ou desço pelas frequências, pois vou perceber objetos de diversas frequências entrando e saindo de minha percepção à medida que atravesso essas frequências.

SE4: E o que você percebe é consistente com a gama de órgãos ou energias sendo usadas como ferramentas de percepção/deteção; entretanto, se suas ferramentas de percepção tiverem uma gama suficientemente ampla, você ainda perceberia objetos de sua velha frequência, mesmo estando numa nova frequência. Sim, esse é um resumo razoável e que pode ser usado na maioria de seus diálogos com as Entidades Fontes da Origem quando tratar deste assunto.

EU: Então, seus ambientes possuem o que eu chamaria de aspecto físico?

SE4: Sim.

EU: Só para deixar claro. Os ambientes que você criou só permitem que as entidades que você criou existam em níveis físicos de frequência?

SE4: Sim, mas não se esqueça de que os níveis físicos de frequência se estendem até um nível muito mais elevado do que aqueles que você está experimentando atualmente. Por isso, embora haja limitações—de natureza física—impostas às minhas entidades, você, na sua fisicalidade atual, iria considerá-las entidades de base energética.

EU: Certo, creio que entendi o que você está dizendo. Então, elas, em seu ambiente de frequência mais elevada, têm um universo que inclui galáxias e sistemas solares com estrelas e planetas?

SE4: Não como vocês os reconheceriam. No seu ambiente e com o conjunto de frequências resultante, vocês teriam uma forma para a energia que tem propósito, seja ela senciente ou não. Essa forma é a esfera. Nos meus ambientes, a forma dominante para uma grande coleção de energia é mais parecida com o que vocês chamariam de rosquinha.

O universo em rosquinha

EU: Uma rosquinha? Você está brincando comigo.

SE4: Nem um pouco. Veja, o nível de densidade em meus ambientes dita se há ou não um centro de energia que cria aquilo que vocês chamam de planetas. Você sofre uma lavagem cerebral para acreditar que um planeta precisa ter determinada forma. Em essência, não existe forma dominante para um planeta—qualquer forma vai funcionar. Mas lembre-se, por favor, que a forma de um planeta se baseia em muitos fatores além dos encontrados nas frequências estáticas. A forma de rosca é comum em meus ambientes.

EU: As entidades que existem nesses ambientes com planetas em forma de rosquinha trabalham na superfície ou no interior do planeta? Eles têm uma superfície para viver ou sua natureza é gasosa?

SE: Podem estar em qualquer lugar dentro do campo de energia criado pela rosquinha. Isso significa que podem existir dentro, perto ou no meio do vazio central da área que você considera sólida. Esse ponto central seria a origem do raio do planeta. Este vazio não é realmente vazio, pois contém tanto energia quanto atratividade—aquilo que vocês chamariam de gravidade. É esta atratividade que mantém a forma que os planetas possuem.

EU: Acabei de receber a imagem de um magneto em forma de anel com a localização e a forma do campo magnético superposta a ele. O campo é uma série de círculos que envolvem a rosquinha, tocando o centro também. Não, eles estão entrelaçados no meio. Isto parece criar outro campo que cobre toda a forma da rosquinha. Não parece correto. Campos magnéticos não fazem isso, pelo menos que eu saiba. Parece ser tanto um magneto em forma de anel quanto um magneto sólido, padrão.

Figura 1: A imagem do magneto anular

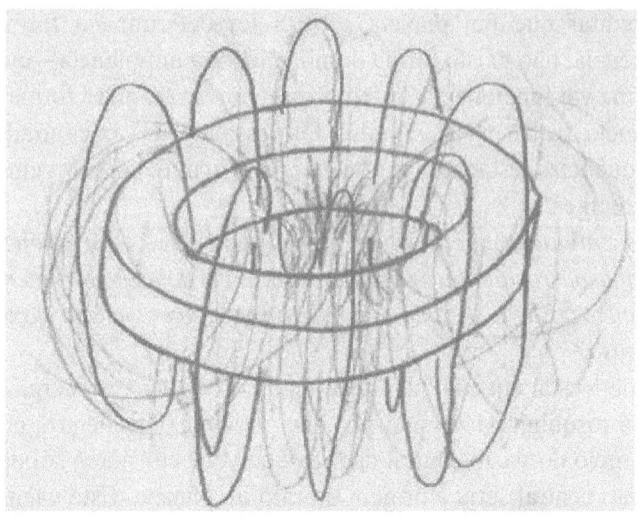

SE4: É que na verdade, você não está vendo um campo magnético em sua imagem. O que você vê são as linhas dominantes de atratividade que envolvem e contém as energias que formam a figura do planeta em seu nível de fisicalidade/frequência.

EU: *E quais entidades vivem nessas diversas áreas? Quero dizer, dentro do sólido, na superfície ou no vazio?*

SE4: Há apenas um tipo de entidade, e ela é capaz de adaptar sua forma e torná-la mais adequada à parte do planeta onde ela gosta de existir—dentro dele, sobre ele ou perto dele.

EU: *Você disse que são físicas. São metamorfas?*

SE4: Como disse antes, são físicas, mas não no seu nível/tipo/forma de densidade. Não, não são metamorfas da maneira como você descreve ou como foi mostrado em seus livros e filmes de ficção científica. Porém, elas se modificam energeticamente para assegurar um funcionamento com eficiência máxima na parte do planeta que desejam habitar. Criando seu próprio campo de atratividade, elas atraem essas energias opostas que são necessárias para lhes permitir aquilo que vocês conhecem como uma reação tátil. O campo é tanto pessoal da energia quanto modulado para atrair especificamente energias opostas.

EU: *Pode descrever a figura ou forma dessas entidades?*

SE4: Elas não possuem uma forma específica que vocês reconheceriam como forma física, pois alteram-se para se adequar

ao ambiente local. No entanto, se eu descrever as formas que possuem de modo geral, seria suficiente?
EU: Sim, claro.
SE4: Ela se aplica apenas aos mundos com formato de rosquinha.
EU: Está ótimo.

Três entidades, três ambientes

SE4: A forma que as entidades costumam assumir quando estão na área central e vazia do planeta seria como uma imensa figura semelhante a uma borboleta, na qual as asas funcionam como acumuladores de energia que lhes permitem transladar de um lado para outro usando as linhas de atratividade. Sua frequência é muito elevada.

A forma que costumam assumir quando estão na superfície do planeta parece-se com uma versão mais pesada da forma de borboleta, mas com as asas fechadas, a ponto de serem inúteis num ambiente vazio. Neste caso, porém, as asas atraem energias diferentes, que permitem que a entidade seja capaz de operar numa condição similar à sua, num campo gravitacional. Outros apêndices também se tornam visíveis para o uso de energias e áreas da fisicalidade que não podem ser manuseadas pelas asas fechadas.

A forma que geralmente assumem quando estão sob a superfície aparente do planeta—algo semelhante à diferença entre o ar e a água em sua Terra—é, portanto, uma questão de criar uma forma mais afilada da figura da borboleta, com um campo de repulsão ao seu redor. Sua forma seria parecida com um cruzamento entre a forma da entidade na superfície e um (pausa). Estou pensando em usar a palavra "peixe", mas a imagem estaria errada. Deixe-me vasculhar um pouco mais as suas memórias. Certo, eu gostaria de usar a palavra lagostim ou caranguejo, mas com densidade significativamente menor.

Figure 2: A versão mais pesada da forma de borboleta

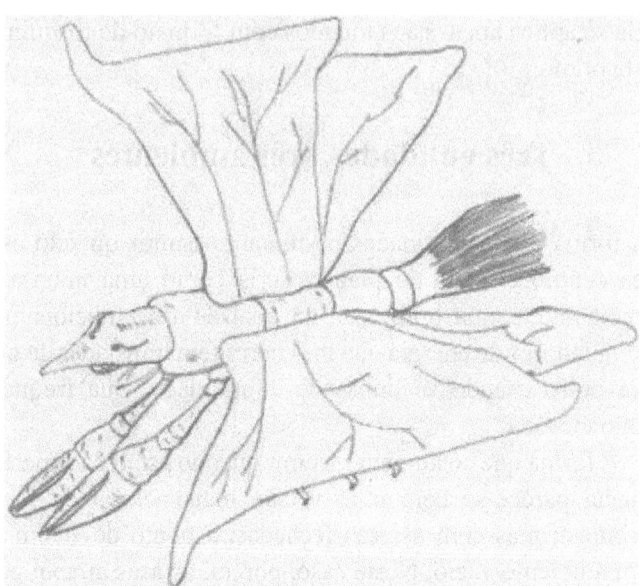

EU: Não posso dizer que consegui entender esse fator de forma.
SE4: De acordo, percebi que a descrição é tristemente inadequada para sua experiência e linguagem, mas terá de bastar. Devo dizer que a forma que adotaram é a mais eficaz para a existência no ambiente dentro desses planetas.

Os planetas

EU: Esses planetas giram em torno de um sol?
SE4: Não há a necessidade de ter uma anomalia gravitacional local para atrair e queimar energias a fim de criar luz e calor ou todas as outras energias criadas no processo de combustão que é a função de um sol.
EU: Por que é assim?
SE: Simplesmente, não precisamos de sóis em meus ambientes, pois luz e calor não são necessários para iluminar o universo ou para proporcionar combustível ou energia para as áreas de densidade

Além da Fonte, Livro 1

local que podem ser classificadas como planetas. O que temos são áreas nas quais alguns planetas de composição similar se agrupam. Você poderia chamá-las de galáxias, se quiser, mas não temos sistemas solares. Em essência, simplesmente não temos o baixo nível de frequência que resulta de sua espécie de criatividade universal, com sóis e planetas girando em torno deles e sistemas solares que se aglutinam e giram uns em torno dos outros ou criam formações nebulosas. Em um universo onde calor e luz não são necessários para sustentar a vida, não é preciso ter fogo para criá-la.

EU: Acabei de ver outra imagem em minha mente do planeta que você me descreveu. Ele parece ser azul escuro na área da rosquinha que eu chamaria de sólida. Seria água?

SE4: Não, esses planetas não têm água. A água é um subproduto de um dos elementos mais comuns do seu universo, o hidrogênio. Ela não está disponível em meus ambientes, pois o nível de fisicalidade tem frequência superior, o que impede sua existência. Lembre-se de que elementos materiais são o resultado de baixas frequências. A lei fundamental da frequência (em todos os ambientes das Entidades Fontes) é que quanto mais elevada a sua frequência, menos elementos materiais existem e mais elementos energéticos existem.

EU: E o que é esse azul se não água?

SE4: É a representação visível do principal elemento energético que constitui o planeta.

EU: Você está sugerindo que esses planetas são basicamente feitos apenas de um elemento?

SE4: De modo geral, sim, mas o planeta da sua imagem também possui mais alguns elementos. Atualmente, seu próprio planeta tem natureza muito física. Como resultado, ele é formado por muitos elementos de baixa frequência—mais, na verdade, do que qualquer outro planeta de seu universo.

    A cor azul é simplesmente uma emanação desse elemento principal. Também é um produto da reação das energias que são trabalhadas pelas entidades que existem nessas energias e à sua volta.

EU: Então, essas três entidades que você descreveu fazem o planeta ter a cor que ele tem.

SE4: Como disse antes, ela é o produto do elemento principal e de sua reação a ser usado pelas entidades que trabalham com ela.

EU: A cor muda em função da pureza do trabalho das entidades no planeta?

SE4: Só na intensidade da cor. Você pode identificar o nível da entidade e da evolução planetária pela intensidade da cor do principal elemento do planeta.

EU: Acabei de ver uma imagem de um grupo de planetas, todos reluzindo com cores brilhantes. É uma bela visão.

SE4: É, sim. Nesse agrupamento planetário específico, todas as entidades trabalham em harmonia coletiva. Estão evoluindo bem, tanto no nível planetário quanto no nível das entidades, grupal e individual. Estou contente com elas e com seus esforços.

EU: Tenho a impressão de que os planetas não são sólidos no sentido que conheço, pois as entidades não sentem resistência física quando trabalham sob a superfície.

SE4: É. Existe o que você chama de tensão superficial, na interface entre a superfície do planeta e a parte interna, que está contida na forma da rosquinha, e é nesta que vivem algumas das entidades. Não deve ser confundida com a superfície ou crosta, como há no seu planeta. Esta é uma superfície relativamente lisa, com poucas oportunidades para a existência de outras entidades, como árvores ou arbustos. No entanto, ela tem outras entidades mais móveis, entidades criadas por aqueles que existem na fisicalidade do planeta, dentro dela ou perto dela, mas sempre dentro de seu campo energético.

Entidades móveis—cidades vivas

EU: Fale-me um pouco das criações móveis criadas pelas entidades que usam a superfície do planeta.

SE4: Elas criam áreas onde podem trabalhar juntas na manipulação de energias para criar outras formas que vocês poderiam chamar de biológicas. Biológico não seria a expressão correta, mas o conceito é o mesmo. Quero dizer que as entidades que criam estão destinadas a ser autossustentadas energeticamente. Para que possam ser autossustentadas, precisam ser capazes de percorrer a superfície do planeta, digamos, buscando áreas onde as energias que usam estão no seu apogeu. Essas entidades são singulares e coletivas. As coletivas, de modo geral, são muito maiores. São vistas como as áreas nas quais as entidades desse planeta trabalham e interagem mais com as energias do planeta. É por isso que são móveis, pois precisam se mover até o próximo local energeticamente necessário para apoiar o trabalho das entidades superiores.

EU: Acabei de receber uma imagem, e lhe agradeço por todas essas imagens. Elas me ajudam muito a compreender todas essas áreas de coisas que só posso descrever como edifícios, deslocando-se juntos até o próximo local. Espere um pouco. O número desses edifícios—eles têm todas as formas e tamanhos—é maciço. Deve ser tão grande como uma cidade em termos terrestres.

SE4: Se você fosse fazer uma comparação, precisaria dizer que são maiores do que a maior cidade da sua Terra. Essa é uma cidade de verdade, sem incluir os subúrbios.

EU: Posso usar a descrição "cidade viva", pois é isso que ela parece ser para mim? É como se as entidades que criaram os edifícios da cidade criassem seres vivos dentro dos quais existem, trabalham e cuidam como se fossem seus próprios filhos.

SE4: Até certo ponto, são seus filhos, pois elas os criaram. Ao fazê-lo, aprenderam tudo que podiam sobre a criação com um propósito e a responsabilidade pela criação. A criação que visa atingir um propósito é um dos mais poderosos métodos de se atingir o progresso evolutivo. Neste caso, a razão para a criação dos edifícios e o tamanho resultante da cidade é abrigar e conter as energias com que estão trabalhando. Como cada uma das energias é refinada a ponto da necessidade e da utilidade, podem ser misturadas ou expostas aos produtos energéticos de outro grupo de entidades em outro edifício. Quando o resultado desejado desta mistura ou manipulação maior de produtos energéticos diferentes é atingido, então se permite que esse produto seja misturado com, ou faça parte do, produto de outras energias mistas ou expostas simultaneamente. Permite-se que esta expansão continue até que todos os edifícios da cidade estejam envolvidos na criação de uma entidade complexa, criada para um propósito maior—ou seja, o pré-requisito final para o desenvolvimento de um grande organismo energético vivo.

EU: *E essas grandes cidades vivas movem-se pela superfície do planeta para se associarem com as diversas energias que envolvem a, ou fazem parte da, função do planeta.*

SE4: Certo.

EU: *E qual seria o papel geral dessas cidades?*

SE4: São usadas como cobaias pelas entidades criadoras para compreenderem como criar vida diferente delas mesmas. Vou me aprofundar. A parte mais importante da existência de uma entidade é a experiência da criação, especialmente a criação de coisas que têm autonomia do criador. Essa é a verdadeira criatividade. Minhas entidades trabalham com a criação de estruturas para alojar certas energias. Estão ligadas para criar a interdependência das estruturas e das energias que abrigam. Juntas, criam uma entidade por direito próprio, que, se criada corretamente, é capaz de existir continuamente mediante sua própria recriação. Durante sua existência, ela precisa realizar certas tarefas, que fazem com que ganhe experiência e, em última análise, o domínio dessas tarefas. A interação entre as cidades também é estimulada. É o manejo dessas criações que dá experiência e evolução às minhas entidades.

EU: *Então, minha pergunta sobre civilização não faz muito sentido—pois para trabalharem juntas em tais projetos, elas requerem o elevado nível de interação que só é possível com entidades altamente civilizadas.*

SE4: Correto. Quando você atinge esse nível de civilização, todos trabalham num estado de harmonia naturalmente elevado em benefício de todos, e todos trabalham tendo em vista a meta final. Ninguém está nisso sozinho, pois todos se beneficiam igualmente.

EU: *Então, é isso? Tudo que essa versão das entidades fazem é trabalharem juntas para criar entidades autônomas maiores?*

SE4: De modo geral, sim. A existência no meu ambiente não é tão complicada quanto no seu. Mas não me interprete mal. O trabalho que realizam não é simples; é, a um só tempo, uma tarefa complicada e honorável. Quando digo que o seu ambiente é mais complicado do que o meu, quero dizer que vocês operam separadamente uns dos outros, e, por isso, não trabalham juntos em harmonia. Minhas entidades são tanto separadas quanto juntas, e, como resultado, conhecem seus papéis e o nível de excelência que precisam atingir para tornar bem-sucedida a tarefa a que se dedicam.

Em termos de serem civilizadas, em sua harmonia coletiva, atingiram uma função civilizada por estarem em harmonia, pois trabalham para o bem das demais e dos projetos a que se dedicam. A infraestrutura que você tem para comunicação, transporte e manufatura, que cria riqueza, permite outras criações para sustentar essa infraestrutura, e por isso o indivíduo não é necessário.

EU: Espere um pouco. Achei que você tinha dito que elas têm cidades, não é isso? Mas com certeza é preciso haver infraestrutura para sustentar cidades, não?

SE4: VOCÊ as chamou de cidades, não eu. Embora a palavra cidade seja uma descrição razoável para elas, elas não surgiram da necessidade de localizar comércios e acomodações, como as suas. Elas nasceram da necessidade de criar, experimentar e evoluir, e por isso propriedades pessoais, como casas, carros e quinquilharias não são necessárias. Vejo que você está com a testa enrugada, e por isso vou me explicar melhor. Os transportes não são necessários, pois elas ficam no grupo que está criando e controlando o projeto no qual estão trabalhando. Caso precisem se movimentar de um lugar para outro, ou movem a cidade inteira ou usam as linhas de energia da superfície do planeta para se mover. A energia pessoal é obtida alinhando-se suas próprias energias com as do planeta onde estão localizados, o que, para as entidades que estão na superfície do planeta, também se faz através das linhas de energia.

Dentro do planeta

EU: E essas entidades que estão dentro ou debaixo da superfície do planeta?

SE: Elas têm tarefas similares às das entidades da superfície, mas usam energias sutilmente diferentes. Lembra-se de quando disse como suas formas eram diferentes?

EU: Sim, lembro. Elas pareciam similares no vazio da rosquinha e na superfície, mas diferentes quando estavam dentro ou sob a superfície.

SE4: Sim, isso está correto, mas não se esqueça de que elas podem transladar de uma forma para outra com relação à área planetária em que estiverem trabalhando. Geralmente, isso acontece no começo ou no final de um projeto, embora algumas mudem no meio do projeto, mas isto só acontece quando as habilidades da entidade precisam ser atualizadas ou aprimoradas para ajudá-la no projeto. A entidade só pode obter essas habilidades no período de existência no vazio ou sob a superfície, ou vice versa.

EU: Quando me conecto com seus ambientes universais, vejo muitos e muitos desses planetas em forma de rosquinha. Eles têm outras formas? A que a forma se refere?

SE4: Há outras formas, mas não são algo que vocês reconheceriam como uma forma física que pode ser atribuída a um planeta.

EU: Uau! Acabei de receber a imagem de uma forma esférica com pontas. Você não pode estar falando sério se sugere que esta é uma autêntica forma planetária em seus ambientes!

SE4: Ha, ha, ha! Você é muito convencional. A forma de um planeta ou ponto de fisicalidade para a existência externa ou interna não precisa ser esférica, como no seu universo físico. Espere, preciso analisar sua memória, aquela parte sua em seu verdadeiro ambiente de energia. Ah, sim, vejo a razão para esse conceito. Este se baseia na forma padrão que está disponível para vocês, tanto em seu atual ambiente físico que está em comunicação comigo quanto naquela sua parte que é energética. Vocês pensam naturalmente na esfera porque ela é confortável e, ao mesmo tempo, faz o melhor uso de suas energias de tensão superficial. Como suas energias formam-se naturalmente na figura de uma esfera, naturalmente, mas incorretamente, vocês pensam que esse é um padrão universal, adotado por todo o espaço da Origem, e que também é um ditame ou lei universal da fisicalidade para as Entidades Fontes. Pode ser assim nos multiversos da sua Entidade Fonte, mas não nos meus—e daí as formas que você está vendo com o olho de sua mente. Não se esqueça de que a fisicalidade em meus ambientes não é nem um pouco parecida com aquela que você está experimentando agora.

Portanto, respondendo à sua última pergunta, sim, essa figura é autêntica em planetas dos meus ambientes; portanto, tenho outras figuras além dessa forma de rosquinha de que estávamos falando.

O planeta de bloquinhos de construção

EU: Até agora, falamos apenas de um universo e de um planeta específico em um de seus universos. E os outros? Você deve ter muitas outras civilizações fazendo outras coisas para evoluir.
SE4: Sim, claro. Mas você nunca teria tempo suficiente para falar delas com detalhes, pois são muito variadas e muito diferentes daquilo de que estivemos falando até agora. Na verdade, selecionei o melhor exemplo de que disponho e que você seja capaz de compreender, e sou capaz de transmiti-lo na sua linguagem.

Uma das coisas que você precisa entender é que sua existência no planeta Terra é totalmente bizarra se comparada com quase todas as entidades do ambiente de sua Entidade Fonte, inclusive aquilo que as outras Entidades Fontes e eu criamos. Você pensa que como existe naquilo que acha que é um ambiente quantificável, você conhece tudo. O problema é que aquilo que você experimenta é tão distante daquilo que a maioria das entidades experimenta que você não tem ideia do que seria de fato a realidade. Portanto, quando indivíduos como você têm a honra de entrar em contato com a realidade maior ou algo além dela, você tende a classificá-la nas categorias que conhece, e temos de lidar com isso.

EU: Muito bem, entendo que isso seja uma limitação. Por isso, creio que é essa a razão pela qual você limitou as informações que me passou—para que eu pudesse compreendê-la e ser capaz de transmiti-la aos leitores deste texto quando ele for publicado.
SE4: Correto.
EU: Levando isto em conta, e também levando em conta que provavelmente estamos nos aproximando do final deste diálogo (eu estava começando a sentir que SE4 estava começando a sair de cena), quais seriam as oportunidades evolutivas nesse planeta

com pontas que vi com o olhar da mente? Para mim, parecia um porco-espinho encolhido.

SE4: Nesse caso específico, as entidades que se associaram com ele trabalham com o planeta de um modo que é próprio das necessidades desse planeta. Esse tipo de planeta tem uma função que é específica da participação numa comunidade de planetas—eles ficam juntos e trabalham juntos como um todo.

EU: Como um "Tijolo com Espinhos". [Em inglês, "Bristle Blocks"— pense no Lego com espinhos em lugar de botões e buracos como conectores.]

SE4: Deixe-me ver . . . Sim! Como um tijolo com espinhos. A função das entidades é simbiótica, pois guiam o planeta até o local de outros planetas com o mesmo fator de forma. Então, eles se "encaixam" para formar um planeta maior. Quando estão nesta configuração planetária maior, cada um possui funções singulares e coletivas. Estas funções afetam as energias que existem dentro e à volta deles. São estas energias que as entidades usam para criar novos planetas do mesmo tipo. Então, esses novos planetas ficam soltos durante algum tempo para que conquistem seus próprios perfis de energia. Eles fazem isto atraindo energias de seu ambiente geral. Dependendo da localização em minha área ambiental geral, as energias são diferentes, e por isso os planetas podem mover ou serem movidos pelas entidades que se associam ao planeta nas áreas pelas quais são atraídas. Se quiser, chame isto de personalidade. Depois de ficarem carregados com as energias pelas quais foram atraídos e forem capazes de usar estas energias para a continuidade de sua própria existência, movem-se para um local onde podem se "conectar" com um grupo de planetas similares, criando uma entidade planetária maior.

Figura 3: Os planetas de "tijolos com espinhos"

EU: Isso me parece muito com um vírus que cresce por multiplicação e divisão.
SE4: Sim, percebo porque você pensaria assim; o processo é um pouco similar, mas a similaridade termina aí.
EU: E por que esses planetas trabalham dessa forma?
SE4: Você se refere à razão para os planetas e suas entidades fazerem o que fazem?
EU: Sim, foi a isso que me referi.
SE4: Fazem isso para criar comunidades planetárias que possuem tanto os componentes da contribuição individual quanto da contribuição coletiva, trabalhando ao mesmo tempo com as entidades menores que trabalham com eles. O trabalho em conjunto é uma das ordens de trabalho mais elevadas em que uma entidade pode participar. Nos meus ambientes, é uma atividade que não é reservada a entidades menores e de maior poder, como vocês nos ambientes de sua Entidade Fonte. Estão lá para todas trabalharem, realizarem e experimentarem.

Cooperação planetária

EU: Uma comunidade planetária! Espere um pouco. Posso entender que os planetas sejam entidades com méritos próprios, mas a ideia de poderem formar suas próprias comunidades já é demais para mim.

SE4: E por que seria? O que você acha que são as galáxias do seu próprio universo?

EU: Segundo entendo a função das galáxias no meu universo, são entidades com méritos próprios e planetas que fazem parte integral delas e de sua função, pois possuem sua própria individualidade.

SE4: Correto. A diferença com o seu universo é que as galáxias são as principais entidades, com os planetas e o sol como componentes dessa galáxia. Neste caso específico, é o contrário. Com o apoio das entidades menores como assistentes, os planetas formam comunidades interligando-se, e o resultado é similar a uma galáxia de seu próprio universo, mas a galáxia não é a entidade. Os planetas são as entidades. Estão simplesmente agrupados. Mas há um subproduto interessante dessa ligação dos planetas—a coadunação, a associação de entidades individuais menores, e a individualidade cria uma entidade maior que é igual à soma ou maior do que a soma de todas as entidades interligadas. Isto resulta numa entidade bem mais capaz do que a entidade que vocês chamam de galáxia, pois a galáxia é a principal entidade feita de partes menores. E neste exemplo, a galáxia é uma entidade coletiva feita de partes pequenas, mas importantes.

EU: Enquanto você estava me descrevendo este conceito...

SE4: Não é um conceito; é uma realidade.

EU: Certo. Enquanto você descrevia este exemplo específico de existência no seu ambiente, recebi a imagem de grupos ou aglomerações de planetas—grupos vastos, grupos tão pequenos quanto sistemas solares e grupos tão grandes quanto galáxias—mas com todos eles se ligando para formar uma entidade ainda maior, uma supergaláxia.

SE4: E as supergaláxias podem se mesclar para criar megagaláxias, e as megagaláxias podem se mesclar para criar supermegagaláxias.

EU: Espere, espere, agora você está me surpreendendo. Está sugerindo que esses aglomerados ou grupos de galáxias podem ficar maiores, maiores e maiores, sem limite para seu tamanho?

Espere. Agora, recebo a imagem de uma área cheia de nuvens, pequenas e grandes, nas quais cada nuvem é uma galáxia com planetas ligados. Algumas dessas nuvens movem-se juntas para formar nuvens maiores. Do meu ponto de vista nesta imagem, elas se parecem com uma imensa nebulosa. Sei que as nebulosas são uma espécie de galáxia, com as diversas partes da nebulosa dotadas de cores diferentes, uma vez que cada galáxia possui energias diferentes que estão sendo trabalhadas pelos planetas e pelas entidades que trabalham em cada planeta.

SE4: Bom resumo. Há, naturalmente, um limite para o tamanho que uma galáxia pode ter.

EU: E qual seria? O tamanho total do ambiente onde existem e a quantidade total de energia associada a esse ambiente?

SE4: Muito bem. Chega um momento em que ou toda a energia foi usada, ou o volume disponível não está mais disponível porque está repleto de energias criadas.

EU: Então, você não é infinito?

SE4: Não, claro que não. Sou do tamanho que a Origem me deu quando me criou. O mesmo acontece com todos os ambientes que criei. Estes ambientes possuem tanto dimensão quanto diversos recursos que acompanham a dimensão. E são finitos, não infinitos, embora aquilo que eu chamo de finito você possa chamar de infinito; entretanto, isto se baseia puramente na sua atual percepção da realidade maior. A diferença é que as entidades menores que trabalham com os planetas estão plenamente conscientes de seu papel em sua realidade maior.

EU: Acho incrível pensar que todo um ambiente pode estar realmente ocupado por aquilo que acaba sendo uma grande nebulosa ou uma supermegagaláxia. Qual seria o propósito de uma entidade coletiva desse tamanho?

SE4: Neste caso específico, o propósito de ser desse tamanho e de usar ou todas as energias disponíveis no processo de criação, ou toda a área disponível, é experimentar o efeito sobre a entidade maior— mais facilidade energética e crescimento através da cooperação. Ou seja, experimentar a súbita limitação de tal expansão seria o equivalente energético de se atingir uma parede de tijolos, pois com a decisão de dissolver a mescla, a entidade maior perderia todas as vantagens advindas de uma entidade desse tamanho. O nível de dissolução, sendo uma decisão coletiva baseada no nível de individualidade, é necessário para dar início ao próximo conjunto de experiências.

EU: Vejo a imagem de uma nuvem de fumaça que se expande para preencher um balão claro, de tamanho conhecido. Então, essa nuvem de fumaça se divide para tornar-se nuvens menores dentro desse balão. Ela se divide ainda mais e se transforma em pintas de ar sujo—que, presumo, sejam pequenas galáxias ou aglomerados de coleções de planetas do tamanho de sistemas solares. Depois, torna-se uma única nuvem novamente e, finalmente, fica invisível. Esta última parte, creio, é onde a dissolução do coletivo chega ao mais baixo nível de um planeta e portanto não é visível.

Figura 4: A imagem da nuvem de fumaça num balão

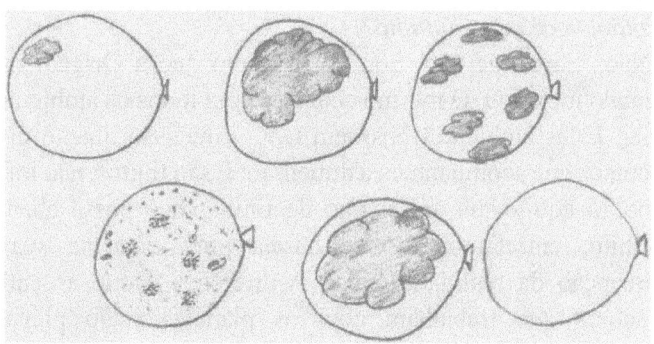

SE4: O que você viu lá foi uma visualização muito rápida de como este tipo de cooperação planetária se desenvolve ou pode se desenvolver. São apenas dois exemplos de como isso pode se desenvolver, mas são o bastante para este diálogo.

EU: Então, em poucas palavras, o que você me mostrou é que a evolução não acontece apenas com as entidades menores, mas também com entidades planetárias maiores. Elas podem experimentar a singularidade ou os diversos estágios e tamanhos atribuíveis a sua conexão e cooperação, atingindo assim um nível de experiência maior.

SE4: Sim, esse seria um bom resumo. Lembre-se, experiência e evolução não requerem necessariamente complicação. Requerem apenas cooperação. Você já viu o suficiente de meus ambientes. Agora, deve descansar um pouco e limpar suas energias antes de se comunicar com minha colega que você chamará de Entidade Fonte Cinco. Vá em paz e espalhe a palavra.

Com isso, meu vínculo com a Entidade Fonte Quatro se dissolveu.

Encerrando

Quando uma Entidade Fonte abandona seu vínculo com você, isso provoca uma grande mudança (perda) de energia/frequência, e aqui não foi diferente. Houve, porém, duas diferenças. Eu mantive contato com a SE4 por mais tempo do que o normal, mais tempo do que as outras SEs até agora. Eu também fiquei operando numa frequência superior ao normal para garantir a manutenção do vínculo, o que, para ser bem honesto, é um esforço e tanto. Isto se deve às grandes diferenças nos conceitos e energias em torno daquilo que a SE4 estava me oferecendo, que, em última análise, precisou ser filtrado pela SE4 até um nível de compreensão com o qual eu pudesse lidar e, idealmente, transcrever. Aprofundando-me mais, estive numa altitude maior do que o normal, e agora estava sofrendo de síndrome de abstinência energética, especialmente no contato com as pessoas com que me associo no "cotidiano". Quando estava com minha esposa e com amigos espiritualizados ou interessados em informações metafísicas abstratas, minhas energias se elevavam e a abstinência não era tão ruim. Era como se entrasse numa câmara de descompressão depois de um mergulho profundo. Estava claro que eu não estava mais ancorado e que precisava me consolidar energeticamente de novo antes da próxima linha de comunicação e de diálogo, que seria com a Entidade Fonte Cinco. Como eu estava tendo dificuldades para atuar no mundo físico, resolvi elevar minhas energias e entrar em contato com minha própria Entidade Fonte, a criadora de nosso multiverso, para falar disso.

EU: *Estou precisando de ajuda.*
SE: Percebi. Mas isso não foi inesperado, pois tratamos disso (em particular) antes de iniciarmos esta série de diálogos.
EU: *E o que está acontecendo?*
SE: Dito de forma simples, você está forçando seus limites fisicamente energéticos. Quando você estabelece diálogo com outra Entidade Fonte, forma um vínculo. Este vínculo é mantido durante o período estimado para que a comunicação se dê. Não são as poucas horas semanais que você reserva para transcrever a informação desses diálogos mantidos no contato com as outras SEs. São as semanas ou meses em que eles acontecem. Estabelecer esse vínculo durante esse período de tempo é necessário, assegurando-lhe que você poderá continuar o diálogo a qualquer momento sem a lenga-lenga de um processo meditativo intenso. Durante esse período, você ainda mantém o vínculo comigo, e eu tenho uma assinatura energética diferente da que as outras SEs possuem. Isto causa um conflito de energias, resultando no cansaço que você vem sentindo, embora eu esteja lhe dando proteção. Em essência, suas energias e frequências estão sendo mantidas num nível bem superior ao que você está acostumado, e, como resultado, quando você fica apenas com as minhas energias, que se situam acima das suas, você ainda se sente esgotado.
EU: *Então, isso explica as olheiras.*
SE: Sim, até certo ponto. E por isso, você precisa se assegurar que está bem descansado, dormindo o máximo possível.
EU: *Sim, concordo com você nisso, pois comecei a descobrir recentemente que preciso fazer uma rápida soneca de meia hora depois de trabalhar.*
SE: São os seus corpos físico e energético dizendo que precisam se estabilizar e equilibrar as energias sendo acessadas e usadas.

Durante os diálogos com as quatro últimas Entidades Fontes, comecei a perceber uma área em comum. Achei isso um pouco perturbador, mas uma vozinha no fundo da minha mente estava me dizendo que tudo que eu estava fazendo era conversar com a mesma entidade—que, na verdade, eu não estava me comunicando com outra Entidade Fonte além da minha, mas simplesmente com uma entidade

Além da Fonte, Livro 1

espiritual. Resolvi revelar esse processo mental para a minha própria Entidade Fonte.

EU: Por que tenho a sensação de que estou conversando apenas com uma entidade se identifiquei quatro até agora?

SE: Deixe-me tranquilizá-lo. Você está, de fato, comunicando-se com diversas Entidades Fontes. Isto é fato. Mas o que você está sentindo é essa sensação de unidade que resulta de estar tão próximo da Origem. Lembre-se de que somos as primeiras e únicas criações da Origem. Tudo o mais que existe na vastidão da Origem é fruto da criatividade da Entidade Fonte, o que inclui o seu bom e velho eu. Quando você leva em conta que o modus operandi que todas nós temos é experimentar, criar e evoluir, não deve surpreender o fato de haver certo grau de continuidade entre as agendas de cada uma das Entidades Fontes. Se não houvesse esta continuidade, nossa existência não teria sentido.

Não, não se preocupe com isto.

O que posso lhe dizer é o seguinte: o próprio fato de você estar questionando o conteúdo daquilo que está recebendo valoriza esse conteúdo. O processo de questionamento é tão saudável quanto necessário. É necessário porque não há maneira, no mundo físico, de poder provar que o conteúdo que você está recebendo é real e não fictício. É saudável porque ajuda você a manter sua objetividade e seu estado de espírito. Juntos, estes elementos dão validade ao trabalho, e essa validação é um precursor da disseminação. É a validação que traz tal informação para o domínio dos mundos físicos.

EU: Obrigado, isso me ajudou muito. Então, essa sensação de desapontamento resultante de ver a continuidade também se baseia na redução das energias resultantes do desligamento das outras Entidades Fontes.

SE: Em parte, sim. O fato de você também ter uma parte sua que exige certo tipo de informação é uma expectativa derivada da existência física que você está experimentando atualmente. Essa informação não está disponível ou então não é relevante nessas comunicações. Em suas próprias palavras, aceite isso.

EU: Obrigado. Você me ajudou muito.

SE: E eu lhe agradeço por ter realizado uma tarefa muito difícil. Vamos passar para a próxima Entidade Fonte, a Entidade Fonte Cinco.

À medida que essas palavras iam me sendo transmitidas, fui sentindo uma mudança nas energias que agora eu associava com as energias protetoras que a Entidade Fonte põe à minha volta quando entro em comunicação com as outras Entidades Fontes. Então, senti a energia da entidade que era a SE5. Era singular, acompanhada da imagem de uma imensa bola translúcida de energia.

Capítulo 5
Entidade Fonte Cinco

Eu estava me perguntando porque estava recebendo esta imagem de uma entidade singular quando senti sua presença me envolver. Resolvi que seria melhor comunicar-me com esta presença, pois ignorá-la seria um insulto. Afinal, ela tinha se esforçado para entrar em contato comigo, o que não tinha obrigação de fazer.

EU: Você é a Entidade Fonte Cinco?
SE5: Sou, e você tem permissão para se referir a mim desta forma, pois isso vai facilitar esta comunicação.
EU: Grato. Talvez a minha Entidade Fonte tenha comentado que eu tenho um formato que gosto de usar nos meus diálogos, e depois deixo a comunicação seguir o caminho que for. Descobri que esta é a melhor maneira, pois tentar desviar demais o questionamento inibe o fluxo de informações, especialmente se a informação diverge daquilo que eu imagino que deveria estar recebendo. Basicamente, aprendi a sair do caminho e deixar você falar sobre você e suas criações.
SE5: É muito sábio fazer isso, e é algo que vai lhe colocar em boa posição neste caso, especificamente porque sou singular. Isto é algo que você já percebeu.
EU: Sim, é verdade. Porém, vou lhe fazer as perguntas padrão sobre os seguintes itens:

- sua criação
- tornar-se consciente
- experimentar-se a si mesma
- comunicação com a Origem
- o que você está fazendo para evoluir e ajudar a Origem em seu esforço para se conhecer e se compreender melhor
- o que você criou em função disso

SE5: Percebi que você redigiu as perguntas de maneira diferente daquela que usou nos diálogos anteriores, mas o conteúdo ainda é o mesmo. Já tinha recebido algumas sugestões sobre o que você pode perguntar em minhas próprias comunicações com sua Fonte, e por isso estou a par dos caminhos que você vai adotar durante nosso tempo juntos. Na verdade, em essência, já tivemos nosso diálogo; é que aquela parte de você que está no plano de existência em que você está ainda não conseguiu perceber que isso aconteceu. Creio que você conhece este aspecto da realidade, certo?

EU: Sim. Vamos começar nosso diálogo porque não sei o que meu eu superior ou eu real já fez ou está fazendo atualmente.

SE5: Vamos lá.

Autorreconhecimento

EU: Como e quando você percebeu que tinha pensamentos próprios— que era senciente, tinha pensamento individual e reconhecimento de si mesma?

SE5: Na verdade, foi um processo lento para mim. Durante um longo tempo, algo que você consideraria trilhões de seus anos, eu não percebi plenamente que era individual. O que eu percebia é que eu fazia parte de uma realidade maior, a Origem, mas não sabia o que era a Origem e nem qual era o meu relacionamento com a Origem. Era algo parecido com aquilo que seus bebês sentem nos primeiros dias de vida após o nascimento.

EU: E como você se tornou consciente? A Origem teve algum papel em sua passagem da inconsciência para a consciência, ou houve um aumento gradual da percepção?

SE5: Foi um processo plenamente gradual. Meu aumento de percepção baseou-se no meu aumento do que você chamaria de experiência sensorial.

EU: O que você chama de experiência sensorial? Para mim, é tato, paladar, visão e olfato.

SE5: Para mim, foram coisas que estavam interferindo em minhas energias periféricas. Na verdade, foi o efeito das criações das outras Entidades Fontes passando por mim que me fez perceber que eu tinha uma periferia. Foi uma experiência muito perturbadora. Deste momento em diante, minha atenção se voltou para tentar compreender o que estava causando esta perturbação e como eu poderia evitar as sensações que estava tendo. Como resultado, senti cada vez mais vontade de entender que, se pensasse em não experimentar essas sensações, elas desapareceriam, ou as coisas que estavam causando as sensações iriam se afastar da minha periferia ou limite. Até consegui criar processos mentais que me levaram a agarrar essas coisas que tentavam invadir ou colidir com minhas energias, mantendo-as num único lugar para tentar ver o que eram. Foi durante a investigação sobre o que uma criação particularmente interessante estava fazendo, e por que estava fazendo aquilo, que a compreensão de que eu era uma entidade capaz de ter pensamentos individuais por direito próprio me veio à mente. Achei isto muito interessante e decidi passar o período seguinte criando pensamentos independentes e vendo se eu conseguia racionalizar esse pensamento pela justificação de minha própria existência.

EU: O que você quer dizer com racionalização do pensamento independente pela justificação de sua própria existência?

O poder dos pensamentos descontrolados

SE5: Quando comecei a me perceber, não percebi as consequências dos pensamentos descontrolados e o que acontece se o pensamento perde as rédeas.

EU: Por que você precisou controlar seus pensamentos?

SE5: No ambiente maior que chamamos de Origem, todo pensamento tem a capacidade de levar a uma criação. Como resultado de meus próprios pensamentos descontrolados, vi-me rodeada pelo lixo de meus pensamentos—coisas que havia criado, mas que não percebera que havia criado. Esses pensamentos-lixo estão associados com o criador do pensamento. A associação é tão grande que os pensamentos-lixo se grudam ao criador do pensamento de forma aleatória, dentro e ao redor das energias do criador. Esses pensamentos são ruidosos e começam a bloquear quaisquer outros pensamentos sendo usados no processo de comunicação que mais tarde eu teria com a Origem e as outras Entidades Fontes.

EU: Como você resolveu isso?

SE5: Notando que os pensamentos de fundo que eu estava recebendo estavam aumentando e eram duplicatas dos pensamentos que eu tinha tido antes. Eu estava literalmente sendo bombardeada por meus próprios pensamentos, estava me esgotando por causa das associações energéticas que esses pensamentos estavam fazendo.

EU: Como um pensamento pode esgotar sua energia?

SE5: Pelo simples fato de que começam a adquirir um ímpeto todo próprio, especialmente pensamentos criados com a energia da Entidade Fonte ou da Origem.

EU: Ímpeto?

SE5: Um efeito de bola de neve que faz com que o pensamento ganhe mais energia quanto mais tempo ele permanece em existência. Se deixado sem atenção ou não for recuperado pela entidade originadora, o pensamento pode tornar-se literalmente tão grande quanto a entidade criadora e até assumi-la.

EU: Com certeza, isto não aconteceria com uma entidade pequena como eu.

SE5: Você foi feito com a energia de suas Entidades Fontes?

EU:Sim.

SE5: Então, isso pode acontecer com você também.

Isto foi uma surpresa completa para mim—que nós, como indivíduos e entidades independentes, somos capazes de ficar literalmente cobertos por pensamentos soltos que cobrem a conectividade já limitada de nossos eus superiores ou reais e nos isolam ainda mais da existência física, aquela que, segundo cremos, é nossa única existência. No entanto, isso fazia todo sentido. Eu fui até capaz de perceber alguns aspectos de pensamentos-lixo soltos na minha própria aura. Afastei-os com um único pensamento e senti um arrepio descendo pela espinha, e minha pele formigou quando a funcionalidade da minha aura voltou em função da limpeza.

Com o olhar da minha mente, vi uma multidão de pessoas. Todas as pessoas tinham suas auras cobertas por diversos tipos e níveis de energia solta e grudenta, baseada em pensamentos. Devido ao longo tempo sem limpeza, alguns estavam começando a obter certo nível de individualidade e conquistaram a capacidade de sugar a energia da pessoa que os criou a partir de seus próprios pensamentos descontrolados—pensamentos capazes de níveis significativos de criatividade, se ao menos a pessoa que os possuía soubesse como usar essa facilidade adequadamente.

SE5: Esse é um bom exemplo daquilo que estava acontecendo comigo. O único problema é que sou significativamente maior do que você, e eu também estava totalmente coberta por essas formas-pensamento. Como exemplo, se você fosse considerar minha forma básica e normal como esfera, então quando percebi o que estava acontecendo comigo, minha forma normal era a de uma esfera recoberta de criações aleatórias de formas estranhas.

EU: Acabei de ver a imagem de uma entidade com forma de dragão deslizando sobre você. Qual o significado disso? Parece uma imagem meio estranha.

SE5: Eu a enviei porque ela ilustra duas coisas: primeiro, que as formas-pensamento são insidiosas; segundo, que tinham tal energia que eram capazes de criar sua própria forma à vontade. Na verdade, eram entidades—individuais em todos os aspectos. Exceto por um.

EU: E qual seria?

SE5: Como foram criadas por mim, foram contidas (detidas) por minha energia e, por isso, precisaram ficar comigo para continuar a existir. Eram como...

EU: Acabei de receber a imagem de um poço com milhares de cobras rastejando umas sobre as outras, cada uma buscando seu próprio espaço.

SE: Eu ia usar as palavras "as entidades que vocês chamam de cobras num balde", mas você passou na minha frente. Eu tive literalmente uma infestação delas.

EU: A Origem lhe ofereceu alguma ajuda ou conselho?

SE5: Não. Naquele momento, eu não tinha aquele nível de percepção, e a Origem ainda não tinha decidido tornar-se conhecida para mim. Em essência, esta parte da minha existência era totalmente feita por mim, e, em última análise, fazia parte de minha própria existência evolutiva. Foi um treinamento essencial para ser cuidadoso com meus pensamentos e com a maneira como eu penso. Mas voltemos à exceção.

EU: *Sim, o que foi isso?*

SE5: O fato de ter criado esses pensamentos e os pensamentos serem de minha própria energia significa que, em última análise, eu controlava sua existência. Depois de ter percebido este fato, levou menos de um nanossegundo para me livrar deles.

EU: *Como você fez isso?*

SE5: Simplesmente reabsorvendo a energia na minha. Não se esqueça de que são a minha energia, e, como tal, minha energia acha-se sob o meu controle. Como resultado, eu podia e posso fazer o que quiser com eles.

EU: *Inclusive destruí-los?*

SE5: Destruí-los faria com que eu perdesse a energia.

EU: *Não sabia que a energia podia se perder.*

SE5: A energia em si não pode se perder, mas pode ser perdida pelo indivíduo. Energia perdida não significa que ela se foi para sempre; simplesmente significa que se perde da entidade que a teve inicialmente.

EU: *E para onde ela vai?*

SE5: De volta à Origem. Não se esqueça de que a Origem criou as Entidades Fontes a partir de suas próprias energias; ela abriu mão dessas energias para nos criar. Com base nisso, qualquer energia que destruímos não destrói de fato a energia. Ela destrói a associação da energia com a entidade autorizada a usá-la. A associação da energia é o vínculo entre a energia e a entidade que lhe foi designada pela Origem.

EU: *Então, eu teria razão se dissesse que você desistiu de parte de si mesma se destruísse essa energia de pensamento perdida.*

SE5: Estaria, e embora não seja o que você chama de pecado fazê-lo, não é do nosso melhor interesse, pois, em última análise, isso limita nossa massa energética e, portanto, nossa capacidade de criar.

EU: *E como você se sentiu recebendo subitamente toda essa energia de volta, com a capacidade de comunicação restaurada em função de limpar suas energias soltas?*

SE5: É como você se sente quando volta para seu eu energético, quando você se livra da roupagem pesada de seu veículo físico. Exaltação! E mais, isso fez parte de um momento de definição para mim, pois foi nessa época que percebi que eu era uma entidade capaz de pensar de maneira independente e original. As formas-pensamento criadas por meu pensamento livre eram prova disso. Isto deu início a um período de experimentação no que você chamaria de pensamento filosófico. Isto também expandiu minha consciência e me levou à opinião posterior (após comunicar-me com a Origem) de que eu poderia prestar um serviço melhor à Origem se a ajudasse a se conhecer melhor, permanecendo numa configuração singular.

EU: *O que você quer dizer com isso?*

SE5: Quis dizer que resolvi que não iria criar outras entidades para me ajudar a realizar minha tarefa.

EU: *Espere um pouco. Isso se encaixa com a sensação que tive quando me vinculei inicialmente a você, que você era singular.*

SE5: É isso mesmo, e a sensação que você teve deveu-se ao fato de não ter detectado outras entidades associadas comigo—daí a sensação de singularidade.

Desenvolvendo a percepção

EU: *Vamos nos aprofundar um pouco neste assunto. É um dos assuntos que eu discuti com todas as outras Entidades Fontes com que entrei em contato até agora.*

SE5: Como disse, este foi um momento de definição para mim. Perceber subitamente que eu EXISTIA foi espantoso. Vou colocar isto em contexto para você. Eu tinha acabado de remover todas as formas-pensamento que me cercavam, retardando-me, mascarando-me da realidade de minha existência e daquilo que existia à minha volta. Eu estava acostumada com essa condição; fiquei nela por milênios. Foi como ser cego e depois conseguir enxergar. Mas não foi apenas a capacidade de enxergar; foi a possibilidade de ver, compreender e relacionar tudo comigo, comigo mesma. Isto me deu dados para trabalhar. Eu me reconheci como uma entidade individual por mérito próprio. Estava cercada por outras entidades, entidades similares a mim. Cada uma dessas entidades estava num estado diferente de percepção, de evolução, de experimentação. Senti afinidade por elas. Éramos a mesma e tínhamos trabalho a fazer.

Então, havia a Origem.

Percebi que uma das entidades de cuja presença estava consciente se comunicava com alguma coisa que eu não podia perceber. Tudo que eu podia ver, se é que seria a palavra certa, era uma espécie de tubo ligando a entidade, a Entidade Fonte, com algo que parecia ser uma "pele" que envolvia a todas nós. O tubo mudou de aparência à medida que a comunicação avançou.

EU: *Que mudanças de aparência você viu?*

Primeiro contato consciente com a Origem

SE5: Seu tamanho e sua forma mudaram, bem como a cor, dimensão e frequência. Ela chegou a reluzir às vezes. Era algo realmente bonito de se ver. A Entidade Fonte com quem se comunicava correspondia à forma, dimensão e frequência, em sintonia com o tubo e seu processo de comunicação. Percebi até que a área de "pele" em torno do tubo também tinha uma aparência similar à do tubo. Depois, olhei à minha volta e vi que, ocasionalmente e após certo tempo—usei a palavra tempo só para explicar que vi isso acontecer separadamente e não instantaneamente—esse tubo ou um tubo conectado a diversas das outras Entidades Fontes por um período de comunicação, depois do qual a aparência delas mudou totalmente. Eu me perguntei porque isso aconteceu separadamente e não em conjunto, como um todo, e por que as Entidades Fontes mudaram. Neste momento, também senti uma conexão súbita com a "pele" através de um tubo. Eu tinha feito meu primeiro contato com a Origem.

EU: *Qual foi a sensação disso, desse primeiro contato?*

SE5: Só posso descrevê-lo como incrível. Subitamente, eu soube com certeza quem eu era e o que eu era. Eu era uma das doze entidades que uma entidade maior, uma entidade que era energia com senciência, havia criado a fim de se compreender melhor. Ela havia cedido parte de si mesma para nos criar, as doze Entidades Fontes, e a criação em si fazia parte de um experimento que ela estava realizando em "si mesma" para ver como as demais se tornariam conscientes e ganhariam senciência, o que de fato ocorreu. Ela estava vendo se um conteúdo menor de energia resultaria em seres menores.

EU: E isso resultou na criação de seres menores?

SE5: Não. Na verdade, uma das conclusões a que a Origem chegou foi que o conteúdo de energia não resulta especificamente na geração de seres menores. Aprendi que tínhamos todas as capacidades da Origem, e essa era uma das coisas que a Origem estava tentando compreender.

EU: Mas certamente vocês não podem ser iguais à Origem. Vocês são criações dela.

SE5: Isso é verdade, mas a Origem nos deu exatamente as mesmas energias de que ela era composta, inclusive todas as interpretações dessas energias.

Interpretação das energias—Uma Fita de Möbius

EU: Interpretação de energias? Para mim, isso é novidade!

SE5: A energia tem uma interpretação diferente dependendo da dimensão em que está e da frequência dentro dessa dimensão, não esquecendo, é claro, que a própria energia É a dimensão e a frequência.

EU: O quê? Como é que a energia pode ser a dimensão e a frequência se ela está dentro da dimensão e tem frequência. Você virou de cabeça para baixo tudo que conheço, ou acho que conheço.

SE5: Sim, pode ser, mas uma parte fundamental da física diz que a energia está dentro e fora de dimensões e energias. Ela permeia tudo que existe.

EU: Mas isso é como dizer que o lado de fora de uma bola de tênis é o interior de uma bola de tênis e vice versa.

SE5: Correto, e tudo entre eles também é a superfície. Tudo que EXISTE, EXISTE.

EU: Certo. Vou ter de deixar essa de lado por enquanto.

SE5: Não, não precisa fazer isso. Vocês têm um conceito que pode ajudá-lo a compreender. Vocês têm a tira ou fita de Möbius, não é?

EU: *Temos.*

SE5: E a fita de Möbius pode ser usada para explicar que uma superfície pode ser tanto interna quanto externa, não é?

EU: *Sim, é um bom modelo; também pode ser explicado matematicamente.*

SE5: Muito bem. Então, considere que na sua representação, a fita de Möbius é a representação bidimensional de uma superfície num ambiente tridimensional.

EU: *Prossiga.*

SE5: Você disse que isso pode ser explicado matematicamente, e como tal, pode ser usado para explicar um plano num espaço.

EU: *O.K., ainda estou com você.*

SE5: Então, tudo que você precisa fazer é expandir seu processo mental para incluir o fato de que "superfície" é meramente uma representação da forma.

[Eu ia usar "dimensão" aqui, mas não faria sentido. A SE5 alterou para "forma", pois representava melhor aquilo que eu iria dizer em seguida].

A energia não tem forma. Ela simplesmente EXISTE, e, como resultado, pode ser considerada multiforme ou omniforme simplesmente porque não tem forma. Como resultado, aquilo que pode estar dentro de um plano ou dimensão também pode estar fora. O plano ou dimensão que inclui frequência é a energia, e a energia é o plano, dimensão e frequência, tudo ao mesmo tempo.

Eu não tinha certeza se essa explicação da energia no interior e no exterior da dimensão e da frequência estava correta, especialmente porque ela sugeria que a energia era um componente fundamental de si mesma, um sofisticado enigma do tipo "ovo-ou-galinha". Tenho certeza de que os físicos que lerem este texto podem discordar. Mas uma coisa é certa: esta é a explicação que recebi da Entidade Fonte Cinco, e tenho certeza de que está totalmente diferente do conhecimento humano atual sobre esse assunto. Agradeço a qualquer um que queira apresentar um modelo matemático espacial mostrando se isso pode ser assim ou não. Sem dúvida, o processo de provar tal explicação vai expandir a compreensão da humanidade sobre este conceito da realidade. A luva do desafio foi jogada ao chão, bem e verdadeiramente.

Igualdade na Criação

EU: Vamos voltar à comunicação que você tem com a Origem e a criação de seres com menor conteúdo energético, embora sejam iguais à Origem.

Para mim, estava um pouco complicado compreender isto. Como uma entidade com menos energia e conteúdo energético pode ser igual à Origem? Para mim, isso não fazia sentido. É claro que um ser menor, embora menor apenas em conteúdo, não pode ser considerado igual. Ou será que eu estava deixando de ver algo, algo fundamental? Eu teria de ver o que a Entidade Fonte Cinco teria a dizer sobre o assunto.

SE5: A humanidade tem um hábito muito ruim—a necessidade de comparar os outros consigo mesma e com seu próprio nível de compreensão.
EU:Creio que sim. Acho que não somos muito bons nisso.
SE5: Com certeza, não são, e a aceitação é uma coisa que a sua raça deveria adotar coletivamente. Vai tornar vocês mais calmos.

Como eu percebi aonde você quer chegar neste assunto, vou tentar lhe descrever os fundamentos em torno da criação, especialmente a criação na igualdade e a criação em termos de função. Depois, vamos voltar a aquilo que eu discuti com a Origem.

A criação é uma das coisas mais honrosas que uma entidade pode fazer, pois a criação é uma plataforma fundamental para se experimentar o progresso evolutivo. Não pode existir evolução sem criatividade. Esta é uma lei universal, uma das primeiras coisas que a Origem nos transmite quando atingimos o nível de percepção necessário para invocar a primeira oportunidade de comunicação com a Origem.

Criar sob igualdade é criar sem medo—medo de que a criação será "melhor" do que o criador. Isto é absurdo, pois o objetivo por trás da criatividade é experimentar mais do que aquilo que está sendo experimentado. Isto se aplica especialmente quando o criador está criando uma entidade autônoma, pois criar algo inferior é ser inferior na criação, o que não pode acontecer.

EU: Então, como uma entidade, uma entidade autônoma, pode ser considerada igual se não tem o mesmo tamanho em termos dimensionais e, portanto, energéticos?

SE5: Ela é criada em igualdade e, como resultado, é igual. O tamanho energético, por falta de palavra melhor, não é um componente da igualdade, pois o tamanho não afeta especificamente a capacidade de evoluir. Use a si mesmo como exemplo. Energeticamente, você é menor do que eu em vários graus de dimensão, frequência e energia. Mesmo assim, você está em igualdade, embora tenha sido criado por um de meus pares. Suas capacidades podem ser limitadas pelas restrições resultantes da quantidade de energia que atualmente está disponível para você, mas na verdade você é capaz de usar toda a energia disponível livremente no ambiente que sua Entidade Fonte criou, caso queira. Se você tivesse imaginação suficiente, poderia, na verdade, criar um ambiente tão grande e tão capaz, em termos energéticos, quanto aquele criado para a existência de todos vocês por sua própria Entidade Fonte. Sua limitação está apenas em seu próprio pensamento, não em sua capacidade. Naturalmente, você tem limitações, e elas só existem quando você atinge um ponto que é limitado pelas fronteiras da própria Entidade Fonte, ou simplesmente você não consegue perceber nada mais expansivo. Sua Entidade Fonte deu tudo para vocês—ou seja, aos incontáveis bilhões de entidades que ela criou, o mesmo nível de oportunidade que ela teve. Sei que a Fonte lhe deu um número, mas quando você encarna, não o faz em singularidade, mas em multiplicidade. Neste caso, todos vocês estão em igualdade.

Mas o que vou lhe dizer é que existem entidades criadas a partir da necessidade de uma funcionalidade pura. Também são criadas em igualdade, mas não são dotadas da liberdade de capacidade que entidades como vocês, humanos, na representação energética, recebem. São criadas para realizar certas tarefas e apenas essas tarefas.

EU: Espere um pouco. Eu classificaria essas entidades como seres menores.

SE5: Não são seres menores. São seres criados em igualdade e com um único propósito—e esse propósito é o papel deles no ambiente para o qual foram criados.

EU: E qual seria esse papel?

SE5: Você deveria saber a resposta, pois já conversou a respeito com sua própria Entidade Fonte.

EU: Você está falando daquilo que chamamos de galáxias?

SE5: Uma galáxia seria considerada uma entidade grande no seu ambiente, não?

EU: Sim.

SE5: Você classificaria a galáxia como uma entidade de menor importância ou capacidade?

EU: Não, como poderia? Comparada com meu próprio tamanho físico, ela é imensa.

SE5: Mas ela tem uma única função. Ela não tem a liberdade de acessar todas as energias que entidades do seu tipo podem acessar. Ela não possui o nível de criatividade que entidades do seu tipo possuem. Vocês não têm limites, exceto aqueles que vocês se impõem.

EU: Então, você está sugerindo que as galáxias são entidades menores. Não, deixe-me reformular isso. Uma galáxia é uma entidade com um propósito singular, seja ele qual for.

SE5: Sim, e no seu ambiente, elas recolhem energias soltas e criam áreas que podem ser usadas para experiências evolutivas nas frequências ou dimensões físicas e do seu entorno. É para isso que são empregadas. Elas não possuem nenhum outro papel. Embora não tenham outro papel, ainda assim foram criadas em igualdade. A igualdade é dada porque seu papel é importante.

EU: Então, o que você está dizendo é que, aos olhos do criador, a criatura é tida na mesma consideração simplesmente porque tem uma tarefa importante para realizar. Se essa tarefa não fosse necessária e importante, nem teria sido criada.

SE5: Correto. E não se esqueça de que todas as coisas criadas têm importância igual. Seja qual for sua capacidade, tudo que há na criação está ajudando a Origem em sua tarefa de aumentar sua autopercepção. Por si só, isto assegura oportunidades evolutivas para a Origem, pois até a Origem precisa evoluir.

Unidade expansiva com a Origem

Ao longo de minhas comunicações com as Entidades Fontes, percebi que em diversas ocasiões a direção que eu queria seguir acabou sendo desviada pela Fonte com quem eu estava me comunicando a fim de me apresentar outro assunto. Em perspectiva, o assunto era muito relevante, obviamente. Esta foi uma dessas ocasiões. Embora eu estivesse ciente de que deveria absorver as informações que viriam, sem desviar o diálogo, esforcei-me por me manter na rota.

EU: *Vamos voltar ao primeiro contato que você teve com a Origem. Você estava dizendo que, tal como acontece com todas as comunicações iniciais com a Origem que você testemunhou, subitamente você se viu ligada a um tubo multicolorido e multifrequencial que também estava conectado a uma espécie de pele externa. Presumivelmente, esta pele era a própria Origem.*

SE5: Correto. A comunicação foi instantânea, completa e concisa. Como você já sabe, recebi o conjunto completo de informações sobre a minha/nossa criação, a necessidade de nossa criação e os papéis que iríamos começar a desempenhar. Foi fascinante entender que a própria Origem havia vivido uma existência solitária por tantos milênios! Entendo que você sabe que o tempo não existe, mas preciso lhe dar as informações usando conceitos que você será capaz de compreender. Portanto, o período que se passou no qual a Origem existiu com senciência antes de tomar a decisão de criar doze entidades iguais, como imagens especulares de si mesma, só pode ser transmitido a você em função do tempo. Seria registrado como um período de bilhões e bilhões do que você chama de anos, o período da existência usado para descrever a rotação do aspecto físico da densidade local onde você trabalha numa condição tridimensional—a Terra em torno da singularidade de energia que você chama de sol.

EU: Sim, creio que a história é a mesma em termos dos papéis que todas vocês tiveram de desempenhar no plano da Origem para se compreender e para a evolução de si mesma. O que eu gostaria mesmo de saber é o diálogo que foi específico para você, que só você teve com a Origem e que não incluiu as outras Entidades Fontes e seus papéis coletivos.

SE5: Tive muito pouco do que você chamaria de diálogo específico do meu papel, pois a regra geral era que tínhamos livre arbítrio para fazermos o que quiséssemos para realizar a tarefa à nossa frente. E quando digo livre arbítrio, refiro-me a livre arbítrio. Não havia regras para atuar. Era realmente "basta experimentar". O que fiz foi perguntar o que as outras Entidades Fontes estavam fazendo ou planejando fazer para obter mais iluminação, pois eu estava ansiosa para ter certeza de que não faria a mesma coisa. Você vai perceber que as outras Entidades Fontes com quem você se comunicar terão um tema de criar ambientes e povoar os ambientes com entidades menores e mais ágeis, cada uma com um conjunto de regras ou metas para trabalhar. Eu não queria isso, pois naquele momento da minha existência, achei que poderia realizar o que queria realizar mantendo-me num estado singular.

EU: Como se sentiu estando conectada à Origem de maneira tão positiva?

SE5: Foi como se eu fosse a Origem, o que, em essência, todas nós somos. Mas quando você recebe o dom da individualidade e depois é exposta a um estado coadunado, é como nada que você tenha experimentado antes. Você experimenta um nível similar de euforia, digamos, quando está de volta às suas energias primárias—aquilo que é o seu verdadeiro eu em totalidade e não apenas aquilo que é projetado no físico. Você se sente inteira novamente.

Percebi que você está tentando encontrar outro exemplo para explicar esta mudança condicional.

Seria como viver numa cabana de 3 metros por 3 metros e depois, subitamente, conseguir viver na maior mansão que você pode imaginar. Seria como estar limitada a um único cômodo—esse cômodo representa um aspecto do seu "eu"—e, de repente, você tem muitos, muitos, muitos cômodos. Pense que cada cômodo representa um aspecto seu do qual você foi separada, e cada corredor como um vínculo com um aspecto e com a memória funcional desse aspecto. Depois, pense que esse aspecto tem muitos corredores diferentes que podem ser usados para se ter acesso a ele, e alguns incluem o uso múltiplo de aspectos para poder realizar o que você precisa realizar.

EU: Se eu fosse associar um cômodo a cada um de seus aspectos, quantos cômodos você teria?

SE5: Incontáveis. E foi este o problema que a Origem teve. Ela simplesmente não sabia quantos aspectos de si mesma existiam. E esta foi uma das razões para termos sido criadas. Para determinar quantos aspectos de si mesma a Origem teria. Fizemos isto tentando fazer experiências e, com isso, estabelecer quantos aspectos de nós mesmas teríamos como Entidades Fontes. Isto foi introduzido na tarefa que a Origem nos deu. Você pode imaginar o que isso significa, não? Subitamente, fui ligada a um recurso que era simplesmente grande demais, até mesmo para ser compreendido. Foi literalmente espantoso, a ponto de ficar paralisada [EU: Isso explicaria porque, na minha visualização das Entidades Fontes comunicando-se com a Origem através do tubo, elas pareceram "congelar-se" por um instante]. Como resultado desta revelação, eu também fui capaz de compreender que a parte da Origem com a qual eu estava em contato era apenas um microcosmo do todo. A Origem havia limitado aquela parte de si mesma que estava em comunicação comigo a um nível que não me dominaria com sua pura expansividade. Seria algo similar a eu lhe dar acesso a tudo que eu sou. Na sua condição atual, isso o deixaria alucinado. Sua consciência se perderia nessa expansividade.

EU: Então, a Origem deve fazer a mesma coisa quando entra em contato comigo.

SE5: Correto, e como comparação, essa parte da Origem que está em contato com você quando ambos se comunicam é uma fração daquilo que é a Origem que está em contato comigo quando entro em contato com ela. Neste caso, tudo se resume a tamanho e ao que você consegue suportar em função de seu tamanho—tamanho, neste caso, é seu nível de expansividade. Mas não se esqueça, o tamanho não é medida de igualdade, pois somos iguais à Origem.

EU: Tenho a impressão de que você entrou em algum tipo de acordo com a Origem em termos do que você queria fazer em seu papel como Entidade Fonte.
SE5: Não foi bem um acordo e sim compreensão. Depois de me calibrar com a vasta riqueza de informações que ficou disponível para mim durante minha conexão com a Origem, fui capaz de entender o que já era sabido pela Origem e pelas Entidades Fontes que já tinham contribuído para a causa. Portanto, eu fui capaz de criar meu próprio plano para contribuir. Compartilhei a estrutura com a Origem e agora estou no processo de entregá-lo.
EU: Eu me sentiria muito honrado se você reservasse algum tempo para compartilhar esse plano comigo e como você realizou alguns de seus aspectos.
SE5: Podemos fazer isso em nossa próxima comunicação.

Uma Entidade singular

EU: Uma das coisas que acho interessante é que você é uma entidade singular. Tudo que sinto quando me conecto com sua energia é "singular". É uma sensação realmente estranha, especificamente porque, quando comparo as sensações que obtenho quando me conecto com as outras Entidades Fontes, tudo é muito diferente.
SE5: Aquilo que você sente quando se comunica com as outras Entidades Fontes não deve ser comparado comigo. Posso explicar o que você está experimentando quando se conecta com as outras Fontes?
EU: Sim, por favor. Tenho interesse em saber.
SE5: A diferença é que você sente conectividade através da coletividade; creio que você conhece isto como coadunação, a criação de um ser maior mediante a conexão de seres menores e independentes, juntos e em uníssono com o desejo de estarem em uníssono. Esta sensação é como ligar-se a milhares de neurônios, cada um com uma tarefa a fazer, resultando numa produção coletiva. É algo parecido com os transístores de um de seus microprocessadores. Quando você se conecta comigo, você não tem esta sensação—a sensação da expansão através da conexão, pois tudo que você tem sou eu. Se eu tivesse criado uma

quantidade de seres menores para me ajudar em meu trabalho, você teria recebido a mesma sensação que teve quando se conectou com as outras Entidades Fontes.

EU: E por que você resolveu ser uma entidade singular em seu trabalho? Com certeza, teria sido mais eficiente maximizar sua investigação através da multiplicação.

SE5: Isso teria sido o que é mais comum. Pouco depois de minha primeira comunicação com a Origem, compreendi plenamente o trabalho que havia sido feito até então pelas outras Entidades Fontes, e todas, com a exceção de uma, recriaram-se sozinhas. A outra é aquela que você conhece como Entidade Fonte Doze, a Entidade Fonte que ainda não está plenamente consciente.

EU: Estava pensando nessa Entidade Fonte. Seria possível comunicar-me com ela?

SE5: Não me cabe dizer, mas vou lhe contar uma coisa: você vai precisar da ajuda da Origem até mesmo para pensar em fazer isso. É melhor esperar até o fim das outras comunicações antes de iniciar essa tarefa, pois todas nós observaremos. Ninguém tentou se comunicar com ela, nem mesmo a Origem.

EU: Muito bem, então vou deixar isso para mais tarde. Vamos continuar a discutir seu plano.

SE5: O plano que fiz não incluiu minha divisão em entidades menores. Vira que as demais tinham seguido esta linha de autodescoberta, mas resolvi que iria trabalhar sob um método mais introspectivo. Este não incluiu a multiplicação ou a divisão.

EU: Isto deve retardar sua capacidade de trabalhar no que e em quem você é.

SE5: Somente na medida em que não estou lidando com pequenos detalhes que podem ser trabalhados pela criação de entidades menores, como vocês.

EU: Dá a impressão que você manteve suas investigações sob níveis superiores de frequência e dimensão.

SE5: É verdade. O mais importante é que estou experimentando as coisas em primeira mão e não mediante uma criação menor, destinada a me representar.

Agora, o plano que fiz com a Origem—esse plano foi simples: continuar minha evolução mediante minha autoavaliação introspectiva, por experimentação e criatividade em mim mesma.

EU: Parece um pouco desafiador mudar-se e ver o que você sente.
SE5: Você não está longe da verdade. O objetivo era e é criar coisas que me afetam diretamente, e experimentar e compreender como essas coisas que me afetam alteram a minha função.
EU: Você já chegou ao ponto de criar algo irreversível? Por exemplo, alguma de suas criações chegou a afetá-la de tal maneira que você não conseguiu reverter o efeito?
SE5: Não, nunca. Uma das coisas que faço quando crio é colocar um limite no período de existência daquilo que foi criado. Por isso, na eventualidade de ter criado uma condição que resultaria na minha perda total de controle, algo que, por sinal, já aconteceu, volto a funcionar plenamente quando a vida dessa criação termina. Mesmo perdendo totalmente o controle, sou capaz de registrar a experiência e memorizá-la. A perda total de controle é algo interessante para uma Entidade Fonte experimentar.
EU: Estou recebendo a imagem de caos completo. Foi o resultado de sua experiência de perda de controle?
SE5: Sim, foi. A imagem que você está recebendo é de coisas sendo criadas e descriadas. A minha extremidade sendo manipulada, esticada, apertada, torcida, girada dimensionalmente, manipulada, ondulada e dividida, é apenas um pequeno exemplo do que aconteceu comigo nesse período de criação. Se eu fosse lhe dar uma representação visual, pareceria um balde cheio de cobras onde cada uma estaria comendo, sendo comida ou sendo criada (reproduzida) pelas outras e por suas colegas ao mesmo tempo. Como experiência, isso foi muito interessante, pois foram criadas condições ambientais—ou seja, eu criando um ambiente dentro de mim mesma—que eu nunca teria pensado que fossem possíveis ou dignas de criação. Um exemplo disso seria a ondulação emendada da dimensão. Ela resulta em dimensões dentro e fora da dimensão. Da forma como você entende as dimensões atualmente, elas são separadas e infladas por energias frequenciais. Neste caso, não houve inflação das dimensões baseada em frequência, pois as dimensões foram infladas por dimensões, e estas dimensões também estavam presentes em outras dimensões. Foi como se tudo existisse dentro e fora, tudo ao mesmo tempo. Se eu fosse descrever isso como um ambiente, só poderia usar a palavra enigma como descrição da função. Além

disso, como ambiente que poderia ser usado como área para acomodar entidades menores, ele teria falhado, pois não teria existido energia.

EU: Espere aí. Eu achava que a energia não podia ser destruída, só convertida.

SE5: A energia precisa de frequência para existir, e, se não existe frequência, não pode existir energia. Se não existe energia, não pode haver entidade, e sem entidade, não pode haver vida—pelo menos, não a vida que pode ser quantificada de qualquer maneira descritiva que você poderia compreender.

EU: Faça o esforço. Minha mente é bem aberta.

SE5: Muito bem. Neste exemplo, as próprias dimensões ganharam senciência. Eram inteligências sem frequência e conteúdo energético. Era uma nova forma de... material...

EU: [Levou um bom tempo até eu entender que esta era uma palavra descritiva, pois como você pode atribuir uma palavra a alguma coisa que está efetivamente acima e além de dimensão, frequência e energia?]

SE5: ...com o qual eu podia trabalhar e criar. E foi bom eu ter uma função que registra e memoriza as condições experimentadas, para poder reproduzi-las sempre que precisar.

EU: Espere aí. Você está dizendo que as próprias dimensões, sem as energias e frequências que as inflam, tornaram-se sencientes por conta própria?

SE5: Correto. Veja, uma das coisas a que você não foi exposto em suas comunicações é a possibilidade das dimensões tornarem-se sencientes. Você sabe que, como energias, vocês são sencientes.

EU: Sim.

SE5: Então, não deve ser difícil entender o conceito simples de que a frequência também pode ter senciência.

EU: Se você o diz, eu aceito. Neste caso, eu imagino que isso é totalmente possível. Posso lhe dizer o que entendi disso?

SE5: Sim, pode.

EU: Eis o que entendi até o momento. A energia pode ter senciência porque ela possui um ambiente que sustenta sua existência, chamada dimensão e frequência, e que isso infla a dimensão. A frequência também pode ter conteúdo, como o conteúdo da frequência mais baixa do rádio, das micro-ondas, da luz ou da radiação. É *este conteúdo que a humanidade acabou de começar a explorar e usar para a transmissão de informações.*

SE5: Há muitas, muitas outras formas de conteúdo que podem ser usadas e que não estão presas ao físico e que vocês nem começaram a pensar ou a sonhar em sua ficção científica. Muitas delas tornariam sua existência mais fácil ainda, creio, do que hoje, usando a frequência como ferramenta.

EU: Certo, pois como a frequência tem conteúdo, ela também pode desenvolver senciência. Como faz parte da dimensão, é contida. A dimensão permite-lhe crescer. Tenho um problema aqui, porém, pois a única coisa com que posso comparar a dimensão que ganhou senciência é você, uma Entidade Fonte.

SE5: Embora as Entidades Fontes sejam dimensão, frequência e energia combinadas, podemos separar todas elas para que tenham conteúdo individual por direito próprio. Se eu fosse categorizar as três, então eu sugeriria que a dimensão seria a mais elevada e a energia, a mais baixa. A dimensão pode ter individualização e portanto senciência, pois é o mais elevado dos componentes que constituem todos nós, inclusive a Origem.

A dimensão é mal compreendida em seu nível de existência, pois vocês pensam nelas como um ambiente, um continuum, puramente do seu tamanho e posição dentro da hierarquia que a Origem e sua Entidade Fonte criaram. Deixado a seu próprio destino, qualquer objeto ou coisa pode ganhar senciência, caso passe um período suficientemente longo de existência num estado. Sim, eu ouvi seus pensamentos—rochas e minerais também podem fazê-lo. A dimensão é apenas uma forma de existência mais elevada e, portanto, de senciência. Claro, ela é diferente de tudo que vocês, como humanidade, já experimentaram ou experimentarão em seu estado físico.

EU: Mas o continuum não é um ambiente de baixo nível, logo acima da terceira dimensão, que chamamos de espaço-tempo?

SE5: Correto. Mas neste caso, só existe um ambiente que pode ser chamado de continuum—que envolve dimensão, frequência, energia e o reconhecimento da passagem de eventos, o tempo— que é esse onde você está agora. Uma dimensão paralela de conteúdo igual poderia ser chamada de continuum, mas só se tiver o complemento pleno dos quatro componentes especificados acima. Nenhum no SEU universo. Você precisa estar num ambiente "multiversal" para que este efeito aconteça, e só vai acontecer se a sua Entidade Fonte o exigir em função de sua criação ambiental. Isso seria classificado como um universo paralelo e não um continuum. O universo no qual você existe não possui conteúdo paralelo, pelo menos não do modo que você consideraria paralelo. O único conteúdo paralelo seriam as dimensões, frequências e energias—não aquilo que o ocupa.

EU: E por que nossos cientistas falam de tais possibilidades?

SE5: Porque têm memórias de sua existência energética ou, subconscientemente, estão tocando na mente multiversal da qual fazem parte. Como disse antes, para existir o continuum exige um multiverso. Só há um continuum por universo—aqueles que são classificados como os níveis físicos. O conteúdo desses continuums NÃO seria paralelo. Simplesmente não há necessidade para os efeitos que um continuum paralelo poderia oferecer, pois são finitos em comparação com o ambiente atemporal, que é a norma de qualquer universo multidimensional situado acima dos três primeiros.

Ah! Estou vendo o enigma em que você está. Vocês (a humanidade) estão pensando em realidades alternativas, todas existindo ao mesmo tempo e misturando-as com a palavra continuum. Realidades alternativas NÃO SÃO continuums. São miríades de eventos que se entrecruzam, dependendo de como você possa reagir ou não a certo conjunto de eventos. Cada pequena mudança na maneira como você age ou reage faz com que ocorra uma cadeia de eventos diferente. Isto só pode funcionar nas dimensões superiores de um ambiente multiversal, no qual a maioria de seu conteúdo energético existe neste momento. A realidade alternativa é simplesmente isso—uma alternativa a aquilo que EXISTE atualmente e que envolve todas as entidades que você é e com as quais interage. Portanto, existe a possibilidade de você encontrar um VOCÊ numa realidade alternativa caso escolha trabalhar em duas ou mais realidades ao mesmo tempo, o que, por falar nisso, a maioria de vocês já faz. Neste caso, cada VOCÊ alternativo está representando, de forma simultânea, cada alternativa possivelmente disponível para você, levando-se em conta a gama de possíveis ações e reações diante de um evento específico. Isto não acontece num continuum, pois você está limitado às dimensões físicas mais baixas.

Posso ver que isto não respondeu à sua pergunta sobre como uma dimensão pode ter senciência.

EU: Não, não respondeu, mas respondeu a outras perguntas.
SE5: Então, vou tentar responder a esta pergunta de forma sucinta. A dimensão pode desenvolver senciência sem o outro conteúdo de energia e frequência simplesmente porque ela é uma função superior da constituição da Origem. A dimensão não é uma coisa que nós, Entidades Fontes, criamos. É uma coisa que podemos manipular porque é uma função superior da constituição da Origem e, portanto, uma função superior de nossa própria composição. Uma Entidade Fonte pode separar a dimensão em níveis ou camadas menores, capazes de conter e suportar energias e frequências maiores e maiores. Entretanto, essas dimensões podem se tornar senscientes por direito próprio, e o fazem. A senciência é a consciência de si mesmo, como você sabe, mas a senciência não significa necessariamente que você pode afetar a condição ou o ambiente onde está. Pense na ave que vocês chamam de papagaio. Ela tem consciência de si mesma, assim como um macaco, mas nenhum deles é plenamente senciente.

EU: Nossos cientistas questionariam a afirmação de que o macaco e o papagaio não são senscientes.
SE5: Ambos são senscientes, mas senscientes num nível baixo—o que significa que não são capazes de mudar a si mesmos ou o seu ambiente.

EU: Você está sugerindo que as dimensões estão no mesmo nível de senciência que o papagaio e o macaco?
SE5: Não, acham-se a um salto quântico de distância, mas, na escala das coisas, têm similaridade. Por exemplo, a diferença em senciência entre você (no seu estado atual) e o papagaio e o macaco é similar, mas de magnitude diferente, à diferença entre a senciência dimensional e a senciência de uma Entidade Fonte. Na senciência dimensional, a dimensão está ciente de si mesma e de sua função dentro do ambiente maior em que ela se encontra. Isso é tudo que se precisa ter. No entanto, uma dimensão pode se alterar até certo ponto para se assegurar de que criou o ambiente

ideal para frequência e energia, caso deseje ser ocupada dessa forma.

Razões para se manter singular

Tenho de admitir que não estava preparado para conversar com a Entidade Fonte Cinco sobre a questão da senciência dimensional. Basicamente, eu queria falar mais sobre o que ela havia feito desde sua criação e autopercepção. Mas na realidade, tal diálogo foi interessante por seus próprios méritos. Estou começando a pensar que qualquer "coisa" criada com o material correto (da Origem) pode se tornar senciente; no entanto, essa coisa de dimensões sendo sencientes ou capazes de serem sencientes mexe um pouco comigo. Porém, mais uma vez, o objetivo de me comunicar com as Entidades Fontes era obter a maior quantidade possível de informações, mantendo-me dentro dos limites daquilo que seria considerado compreensível no nível humano. Com base nisto, a melhor e única rota é simplesmente acompanhar o fluxo e aceitar os pequenos desvios na direção conforme surgem, pois são necessários e pontuais em termos da informação sendo recebida. É bom observar que as sessões de comunicação que qualquer canalizador realiza não tratam do canalizador, mas do que é importante expor para a raça humana neste momento específico (do tempo?). Também é bom fazer um questionamento limitado, mas salutar, das informações sendo recebidas para auxiliar no processo de validação daquilo que foi recebido. Não queremos questionar demais a entidade com que estamos nos comunicando, pois isso iria interromper o fluxo de informação e fazer a entidade se questionar se o canalizador é digno de ser usado como médium, mas queremos ter certeza de que aquilo que recebemos é puro em seu propósito. Foi neste ponto que resolvi insistir na tarefa de compreender as razões da Entidade Fonte Cinco para se manter singular. Afinal, essa seria uma boa experiência para mim, pois eu sabia que havia outra Entidade Fonte que ainda era singular, aquela de que a Origem havia me falado enquanto eu escrevia "A história de Deus" e que ainda não tinha se tornado autoconsciente. Com isso em mente, prossegui no diálogo com a Entidade Fonte Cinco.

EU: Muito bem, eis a grande pergunta: por que você resolveu se manter singular? O que a levou a isso?

SE5: Simplesmente vi o que estava acontecendo à minha volta e resolvi criar para mim mesma, dentro de mim mesma, aquilo que era necessário para minha própria evolução e para a expansão do meu conhecimento. Para mim, ficou muito claro que eu estava experimentando mais do que seria necessário para sustentar minha existência sob um ponto de vista evolutivo, sem a necessidade de obter um nível maior mais depressa, usando os métodos divisionais usados pelos demais.

EU: Antes de me concentrar nas razões pelas quais isso ficou tão claro, você poderia se aprofundar na necessidade de sustentar sua existência? Eu achava que as Entidades Fontes fossem, para todas as finalidades e propósitos, imortais. Quero dizer, criadas para uma existência eterna.

SE5: Somos assim, sobretudo, mas a entidade sábia percebe o fato de que a Origem pode resolver remover esse dom de nós caso assim deseje. Sei, de fato, que agora a Origem está imensamente satisfeita com o desempenho de todas as suas criações e com tudo aquilo que criaram e experimentaram para evoluir e que, por isso, não tem nenhuma intenção de modificar aquilo que ela criou de qualquer maneira, forma ou meio.

EU: Mas por que a Origem iria mudar aquilo que ela criou e elaborar outro modelo de criatividade se o que está acontecendo agora está sendo um sucesso?

SE5: Para ver se tudo aconteceria da mesma maneira novamente. Até certo ponto, porém, isto já tinha sido feito, e por isso é improvável que fosse tornar a acontecer.

EU: O que você quer dizer com isso? Está sugerindo que vocês não são as primeiras Entidades Fontes a serem criadas?

A segunda reinvenção da própria Origem

SE5: Correto. Esta foi a segunda vez que a Origem se reinventou. As outras Entidades Fontes e eu somos o resultado do segundo nível de criação. Não somos as primeiras.

EU: Para mim, está ficando difícil entender tudo isso. Eu achava que as doze Entidades Fontes atuais fossem as primeiras. Tenho certeza de que entendi isto corretamente. Tenho certeza de que a minha Entidade Fonte, bem como a própria Origem, contaram-me sobre o momento em que a Origem se tornou autoconsciente e sobre sua decisão de criar as doze Entidades Fontes. A linha do tempo (dos eventos) pareceu natural.

SE5: Pode ser, mas a realidade é que não somos as primeiras.

EU: Então, diga-me, o que aconteceu antes?

SE5: Um experimento anterior. A Origem simplesmente se duplicou.

EU: Eu recebi a frase "muitas vezes".

SE5: O número exato é irrelevante. Naquela ocasião, a diferença é que ela se duplicou, enquanto o que temos hoje é uma divisão de si mesma.

EU: E onde estão as outras Origens?

Esta foi uma reviravolta interessante dos eventos, pois corroborou uma imagem que recebi há uns dois anos, na qual tive a certeza de ver muitas Origens amontoadas juntas. Tive dificuldade para entender aquilo e traduzi a cena como sendo as próprias Entidades Fontes dentro da Origem. Agora, tenho a impressão de que esta imagem era de um evento anterior, algo que ocorreu antes da criação das Entidades Fontes.

Figura 1: Origens amontoadas (4 versões)

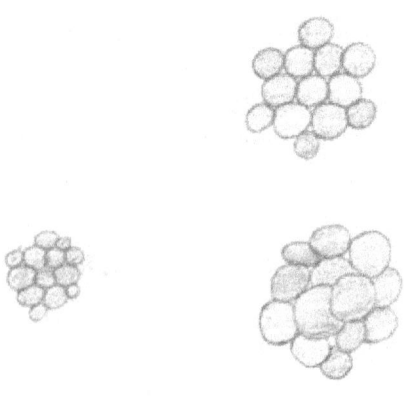

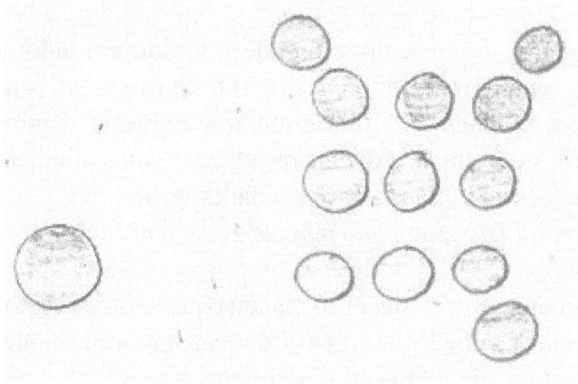

SE5: É bem possível que você tenha visto essa imagem quando estava em comunicação com a Origem durante suas primeiras incursões em sua consciência superior, pois nesse momento você ainda não havia estabelecido limites para o seu trabalho.
EU: Como você poderia saber disto? Esta é a primeira vez em que nos comunicamos, não é?
SE5: Sim, é, mas não se esqueça de que tenho todo o seu conhecimento, experiência e evolução à mão. Tal como ocorreu com as outras Entidades Fontes com quem você se comunicou, eu recebi da sua Entidade Fonte um histórico completo de sua existência antes de iniciarmos este diálogo. Precisamos disto para nos ajudar a compreender o que você pode compreender e como nos comunicarmos com você. Não se esqueça de que para nós é difícil falar com você em função de seu vocabulário limitado.
Você é um privilegiado por ter visto essa imagem.
EU: Eu percebi.

Pensando nisso, essa imagem causou-me considerável preocupação. Ela teve o potencial de destruir completamente a fundação do pouco conhecimento que eu tinha sobre a Origem e a sequência de eventos envolvendo seu despertar e a criação das doze Entidades Fontes. Ela me fez pensar que se há mais entidades da mesma qualidade da Origem, haveria alguma coisa acima da Origem, grande o suficiente para contê-las e ser sua própria entidade. Mas o que ela não me explicou foi como a Origem pôde se duplicar a ponto de eu conseguir ver a imagem das duplicatas à distância. A SE5 me ajudou a resolver o enigma.

SE5: A Origem existe dentro e fora de si mesma em todos os níveis. Ela É, sempre foi e sempre será o TODO. Como tal, para permitir que ela se duplicasse, ela criou um ambiente dentro do qual poderia ser a entidade dominante e, em seguida, duplicou-se uma dúzia de vezes, criando doze entidades iguais.

EU: Espere aí. Isto está muito parecido com a criação das Entidades Fontes.

SE5: Naturalmente. A Origem só mudou o processo da estratégia com que estava trabalhando, não a direção que estava seguindo. A diferença é que a Origem se duplicou doze vezes, e não dividiu metade de si mesma em doze. Esta é uma grande diferença em termos de pensamento evolutivo para a Origem. O primeiro trabalho baseou-se em cada uma das duplicatas pensar que ELA era o TODO em vez de ser uma das doze, com A Origem, claro, sendo a única que sabia das outras.

EU: E por que a Origem mudou para a estratégia atual?

SE5: Porque as outras ou se rebelaram ou se extinguiram quando não aceitaram que não eram a única. Isso as deixou enfurecidas.

EU: Mas se A própria Origem não enlouqueceu e nem se extinguiu, por que as outras o fizeram?

SE5: Teve alguma relação com o fato de ser a primeira e verdadeira Origem, algo a ver com suas propriedades. Você terá de falar sobre isto com a própria Origem.

EU: Tenho intenção de fazê-lo. Vi isto como um dos capítulos de um livro que estava planejando escrever, que espero chamar de "The Origin Speaks" (A Origem fala).

Mas espere aí, como a Origem poderia se extinguir? Eu achava que a energia não pode se perder; ela apenas mudaria de forma, digamos.

SE5: Não pode. O que ela faz é dissolver sua individualidade, o que significa que ela é reabsorvida por padrão pela Origem Original.

EU: Deixe-me entender. Se uma Origem que foi criada pela Origem não podia se dissolver ou remover-se da existência individual, como ela pôde ser reabsorvida pela Origem Original?

SE5: Porque isso faz parte da constituição natural da Origem. Vou me explicar melhor. A Origem É a fronteira final. Ela É TUDO QUE EXISTE. Não existe NADA ALÉM. Por isso, quando a energia que recebe senciência decide que não pode mais existir ou não tem mais o desejo de existir por algum motivo, a individualidade e a senciência associadas à energia são removidas. A energia retorna à energia e à essência da Origem Original. Deixe-me apresentar isso a você num formato simples, mas com um exemplo baseado em frequências. Se você reduzir a frequência das moléculas de água a ponto de o movimento molecular ficar quase paralisado (segundo sua perspectiva), você também reduz sua temperatura, criando gelo. O gelo vai assumir a forma do frasco dentro do qual a água estava sendo contida e a manterá quando for retirado dela. Pense que neste exemplo a forma assumida pelo gelo quando sua frequência foi reduzida é igual à associação de individualidade e senciência da energia da Origem. Essa associação só é mantida enquanto a frequência das moléculas é mantida no nível necessário para a água se tornar gelo. Portanto, você vai compreender que a remoção do método usado para reduzir a frequência da água para formar gelo resulta no fato deste se tornar água, uma energia de frequência mais elevada. Do mesmo modo, a remoção da associação com a energia da Origem para dar individualidade e senciência faz com que a energia retorne a aquilo que ela realmente é—a energia e a essência da Origem.

EU: Você está sugerindo que as Origens duplicadas têm frequência inferior à da Origem em função desta ter lhes dado individualidade e senciência?

SE5: Não se trata de nível diferente de frequência; a questão é mais sobre um nível diferente de "ser" ou de "existência" dessa energia.

Agora que a Origem se reconhece, ela não pode remover de si mesma esse nível de senciência ou individualidade. Ela não pode se destruir ou remover de si mesma a associação de sua própria senciência, pois ELA É TUDO QUE EXISTE. Entretanto, quando a associação é removida, a energia criada da energia da Origem Original, seja duplicada ou dividida, sempre vai voltar para aquilo que foi originalmente, a Origem. Portanto, caso a Origem remova a associação com a energia da Origem usada para criar as Entidades Fontes, elas também vão voltar para a Origem como pura essência energética da Origem.

EU: Para mim, isto lança uma luz toda nova sobre as coisas. Isto significa que tudo aquilo que conhecemos poderia terminar num instante caso a Origem resolvesse mudar sua estratégia de experiências e evolução. Ela poderia remover a associação com a individualidade e a senciência que deu à energia usada para criar você e as outras onze Entidades Fontes. Acho isso um tanto assustador!

SE5: O que você precisa saber é que isso não vai acontecer em breve ou talvez nunca aconteça, segundo meu entendimento.

EU: Isso não é apenas pensamento positivo?

SE5:   Nem um pouco. Veja, a estratégia da Entidade Fonte foi tão bem sucedida em termos da experiência e das oportunidades evolutivas que foram criadas e experimentadas que interrompê-la seria um passo para trás. O impulso adquirido é grande demais para justificar tal decisão da Origem. Vou lhe dar um exemplo clássico da razão pela qual a Origem nunca mudaria sua estratégia atual.

VOCÊ não está sozinho.

EU: O quê!?

SE5: Você não está sozinho. Há outros como você experimentando a existência nas frequências mais baixas capazes de penetrar no véu fino, mas quase impenetrável, do físico, para os reinos energéticos superiores. Alguns de você estão até entrando em contato diretamente com a Origem, tal como você. Esta é uma experiência monumental para aquela parte de você que está projetada nas energias físicas inferiores, seu criador (sua Entidade Fonte) e a Origem. Isto nunca aconteceu antes. E mais, está acontecendo numa área de sua Entidade Fonte que teve permissão para descer pelas frequências até onde poderia ir. E isso está se acelerando.

Imagine o ser mais baixo dos mais baixos em contato direto com o mais elevado dos elevados. O mais baixo percebendo com quem está se comunicando e mantendo diálogos interessantes, inteligentes e construtivos nesse processo, percebendo sua limitação mas não se deixando limitar por sua limitação. Na mente da Origem, isso é um sucesso incrível. É um nível de continuidade da expansão da percepção de si mesma e do ambiente próximo que está acontecendo em todos os níveis da entidade. E mais, parece ser sustentável e em expansão. Por que ela iria destruir isso, especialmente quando há mais coisas para acontecer, muito mais de TODAS as Entidades Fontes? O efeito de triangulação que você discutiu anteriormente com sua própria Entidade Fonte não só se aplica às entidades envolvidas na existência das frequências físicas associadas com a entidade que você chama de Terra, como também se aplica a todas as Entidades Fontes.

EU: Você está sugerindo que estamos no meio de uma expansão evolutiva da consciência que é, digamos, sem precedentes e imprevista? Mesmo pela Origem?

SE5: Correto.

EU: Estou chocado e surpreso que a Origem não tenha antevisto isso. Como é possível? Sabendo disto, sinto que cheguei ao fim do livro aqui e agora.

SE5: Você nem começou, creia-me.

EU: E o que acontece quando esse nível de expansão da consciência das Fontes terminar? A Origem vai começar de novo?

SE5: Quem sabe? Ela não fez planos.

Então, recebi uma imagem da Origem. Estava com as Entidades Fontes e outras entidades menores de estatura similar. A única maneira de descrever a cena é dizer que a Origem estava com um sorriso benevolente. Estava satisfeita consigo mesma, com suas criações e com as criações produzidas por suas criações. Estava na companhia de entidades individuais e de mentalidade similar, de tamanhos e evoluções variadas, todas provenientes das entidades originais que foram criadas pelas Entidades Fontes. Algumas haviam se reunido para criar uma entidade maior e com individualidade coletiva. Outras tinham mantido sua individualidade. Todas eram singulares. Todas tinham superado a necessidade de ser contidas dentro dos ambientes criados para elas por suas respectivas Entidades Fontes. Todas estavam em comunicação direta umas com as outras, com as Entidades Fontes e com a própria Origem. A Origem tinha criado uma comunidade, uma família, e estava muito satisfeita.

EU: O que foi isso? De onde saiu essa imagem?

SE5: Ela é o eco do que poderia acontecer, caso continue a centelha de comunicação consciente com as Entidades Fontes e a Origem por essas entidades nos níveis mais baixos de frequência. Lembre-se de que em suas próprias comunicações com a Origem e com a sua Fonte você sabia que quando a Origem era singular, ela também perdeu o contato com aquela parte dela mesma que foi projetada nas frequências inferiores.

EU: Eu me lembro disso.

SE5: Bem, essa é uma imagem da Origem e de tudo que foi criado em seu nome e não tem problema em perder o contato com essas partes de si mesma que residem nas frequências mais baixas, pois elas não existem mais.

Existência concomitante e simultânea

EU: Isso é fantástico. Isso me diz que, em algum momento do "futuro", a Origem e suas criações terão evoluído a tal ponto que não existirão mais frequências baixas, onde são necessários veículos físicos para se poder ter experiências significativas em diferentes ambientes.

SE5: Correto. Não só isso, mas, como aludi antes, nenhuma entidade estará amarrada à Entidade Fonte que a criou. Todas estarão livres dos vínculos de seu ambiente original. Todas serão iguais às Entidades Fontes e à Origem, todas dentro da Origem. Na verdade, neste evento específico, a Origem desloca sua consciência para estar fora dela mesma e não dentro, como está atualmente.

EU: Espere aí. Você acabou de dizer "neste evento específico". Sugere-me que não se trata de um futuro firme—isso pode não acontecer.

SE5: Vocês, humanos, são obcecados com o uso de associações baseadas no tempo para entender o potencial da existência concomitante e simultânea. Tudo que aconteceu, acontecerá ou poderia acontecer está acontecendo agora mesmo.

EU: Sim, eu entendo isso, mas faz parecer que a existência ainda é linear, até certo ponto.

SE5: Só quando você permite que seja assim. Até certo ponto, é verdade que a Origem, e, na verdade, nós mesmas, as Entidades Fontes, tornamo-nos autoconscientes de maneira linear. É que parte da existência É linear. Mas saiba de uma coisa: depois que a entidade tem consciência de si mesma e de seu ambiente, esse nível de existência diminui. Deixa de existir.

EU:Por quê?
SE5: Simplesmente porque a entidade, no processo de compreender-se a si mesma e a seu ambiente, percebe que tudo que ela faz é refletido de alguma maneira. Quando a entidade, agora num estado despertado, deseja conhecer melhor seu ambiente e observa os eventos que criou num nível mais minucioso, percebe que, em cada conjuntura em que uma decisão importante foi tomada, o evento foi espelhado por um múltiplo igual ao número de opções que poderiam ter sido tomadas. A direção dessas decisões está sendo jogada para a conjuntura seguinte, onde podem parar ou continuar. A capacidade de um evento continuar em certa direção baseia-se na energia por trás do desejo da entidade de fazer dessa decisão sua direção real. Se, por exemplo, a entidade precisa tomar uma decisão que tem cinco oportunidades evolutivas diferentes e se duas dessas cinco eram desejáveis mas só uma foi escolhida, então as outras três vão até a conjuntura seguinte e param, enquanto as outras duas continuam como se cada uma delas tivesse sido a direção escolhida.

EU: Então, não existe um número infinito de possibilidades futuras?
SE5: Existe, mas a grande maioria delas "perde o fôlego", como vocês dizem. Lembre-se, a energia precisa do apoio da intenção baseada no pensamento; do contrário, ela não tem papel a desempenhar. A energia que tem a intenção o tempo todo com ela perpetua-se até sua fruição, e/ou além disto. As inúmeras oportunidades que estão por aí são aquelas que contém energia intencional suficiente para apoiar sua continuação. Como resultado, o número de eventos concomitantes que ocorrem é autogovernado. Vou me aprofundar um pouco. Toda entidade está rodeada por todos os movimentos que poderia fazer e o que acontece como resultado desses movimentos. Quando a entidade consegue enxergar claramente o que deseja realizar e como quer realizar isso, esses eventos que estão correlacionados mais fortemente com essa visão ficam com a entidade. Os outros perdem sua associação com a entidade na conjuntura onde a correlação é mais fraca. Então, a associação se rompe, mas o evento é registrado pelo mecanismo de gravação estabelecido pela Entidade Fonte para o ambiente onde a entidade existe.

EU: Você fala como se soubesse que esta é a funcionalidade da existência concomitante nos ambientes das minhas Entidades Fontes.

SE5: Este é um conceito comum e válido para todas as Entidades Fontes e seus ambientes, e, antes que você pergunte, sim, ele se aplica também às Entidades Fontes, independentemente de sua criatividade. Na verdade, também se aplica à Origem. É uma coisa que ela descobriu enquanto se encontrava num estado de sua própria singularidade.

EU:!?

SE5: Sim, como você acabou de ver em sua mente, isso foi compreendido pela Origem no período anterior à criação das Entidades Fontes, mas depois que ela se duplicou.

EU: Isso é interessante. Eu achava que a Origem era onipotente e não tinha limitações.

SE5: E não tem. É apenas um processo que ocorre devido à longevidade de uma intenção relativamente à sua correlação com a intenção subjacente de uma entidade. Remova de qualquer coisa a intenção de "ser" e, mais cedo ou mais tarde, ela irá debater-se e retornar à fonte de sua criação. Isto se aplica particularmente a eventos descartados. Não é válido para entidades descartadas ou ignoradas, pois elas continuam a existir.

EU: Pode me dizer a diferença entre um evento concomitante no qual uma duplicata do evento tem entidades que certamente devem ter sido criadas e uma entidade criada com o propósito de existir e evoluir? Devem ser a mesma coisa, ambas não são energia?

SE5: Uma entidade criada propositalmente para a tarefa de experimentar e evoluir é individualizada e, por isso, autônoma até certo ponto, um ponto que é prerrogativa da entidade criadora. Ela vai continuar a existir mesmo se ignorada pela entidade criadora.

A entidade refletida, criada como resultado da forte intenção de escolher certo evento, mas que resultou na intenção igualmente forte de escolher outro evento em seu lugar, não tem individualidade. Ela é um eco, embora forte, que tem a capacidade de continuar em todas as direções possíveis que pode seguir, caso essa direção tenha sido escolhida em preferência a aquela que fora escolhida. Caso a entidade original resolva voltar ao evento onde ocorreu a separação, porém, mudando de direção para a direção descartada, mas ainda assim correlacionada, então essa entidade e essa direção ganham individualidade. A direção anterior, agora descartada, torna-se o eco. Mas ela vai manter sua forte correlação com a entidade original até o momento em que a entidade original torne a mudar ou a correlação não for mais forte, momento no qual ela se detém na conjuntura onde ocorreu a separação plena.

EU: Enquanto você estava descrevendo esse conceito, recebi a imagem de uma entidade quase fantasmagórica movendo-se para a frente e sendo seguida por outras entidades menores e transparentes, algumas desaparecendo de vista e outras movendo-se ao lado da entidade. Uma ou duas vezes, vi aquela que se movia mesclar-se com a entidade principal e seguir uma direção diferente. Depois, ela se contorceu para trás e seguiu uma outra direção. A entidade menor que se mesclou separou-se e ficou um pouco para trás, mas sempre acompanhando o passo da entidade original.

Figura 2: A entidade fantasmagórica

SE5: Essa foi uma boa visualização. O movimento da entidade é seu movimento através de sua própria evolução, e as outras são as possíveis direções que ela pode seguir caso tome certas decisões. A oportunidade de voltar e assumir uma direção anteriormente descartada também foi vista, ilustrando o reconhecimento de que foi tomada uma direção errada. Será um bom conceito para explicar para seus leitores, pois resume bem o assunto da existência concomitante/simultânea

EU: Não se preocupe. Farei isso.

Para encerrar

EU: Preciso dizer que fiquei surpreso ao receber a informação de que a Origem está em seu segundo experimento, que somos parte do sucesso desse segundo experimento e que o sucesso poderia fazer com que as entidades sendo criadas pelas Entidades Fontes evoluam além da necessidade de se associar a seus criadores, sendo consideradas iguais a elas aos olhos da Origem.

SE5: Por que você ficaria surpreso ao confirmar aquilo que testemunhou e sabe que é verdade?

EU: Não sei. Só fiquei surpreso.

SE5: Deixe-me dizer uma coisa enquanto ainda estamos nos comunicando. O objetivo da "sua" existência na esfera terrestre é chamar a atenção da humanidade para o fato de que ela existe dentro de um ambiente energético e tem o tempo que quiser para experimentar e evoluir. O método para você fazer isso é oferecer uma visão alternativa aos autores que vieram antes de você. Isto significa que você recebeu o privilégio de trabalhar diretamente com sua Fonte, as outras Fontes e a Origem a fim de expandir a base de conhecimentos da humanidade nessas áreas de natureza quantificável, especialmente a física energética e como existir nela de maneira eficiente—que não permite que a entidade fique presa dentro das frequências onde está trabalhando. Melhor ainda, você está proporcionando à humanidade informações sobre as outras Entidades Fontes, como eu. Em pouco tempo, a humanidade estará em posição de criar máquinas que comprovarão os textos espirituais, mas ela vai precisar de uma estrutura de referência para suas descobertas. Essa referência são os textos criados por autores espirituais, que experimentaram em primeira mão, através da meditação, aquilo que os cientistas estão começando a detectar em suas máquinas.

Minha comunicação com você visa permitir que a humanidade veja que as Entidades Fontes são entidades tal como vocês, exceto por termos sido criadas diretamente pela Origem. Somos maiores em conteúdo energético e temos capacidades inimagináveis segundo a sua perspectiva. Os ambientes e os habitantes energéticos que povoam esses ambientes são a maneira que a Entidade Fonte encontra para acelerar sua evolução (evolução por involução). Cada uma tem sua própria estratégia sobre o modo como deseja realizar esta tarefa.

Cada Entidade Fonte é independente da Origem para todos os fins e propósitos, embora seja parte da Origem e se reporte à Origem.

Na minha existência, resolvi ser singular e não criar outros ambientes (universos/multiversos), mas resolvi ser mais introspectiva através de uma abordagem de "mão na massa". Para usar as palavras de um ator, "Eu sou o meu próprio dublê. Não uso substitutos. Aquilo que você vê é o que você recebe".

EU: Mas em algum ponto da sua existência, você deve ter criado outra entidade, não? E as entidades mentais que você criou com seus primeiros pensamentos desgovernados?

SE5: Eram apenas as criações de pensamentos descontrolados, pensamentos sem intenção reconhecível.

Na minha existência, considerei a minha autoexploração uma experiência ou tarefa pessoal. Não foi algo que eu queria experimentar através de outras criações, como sua Entidade Fonte está experimentando através de vocês. Eu queria experimentar o que eu sou como eu mesma.

EU: Você não se sente solitária? Especialmente sabendo que as outras Entidades Fontes criaram seus próprios ambientes e entidades sencientes?

SE5: Nem um pouco. Veja, saber que há outras como eu com as quais me comunico regularmente significa que nunca estou sozinha. Não se esqueça de que todas nós também estamos em comunicação com a Origem. Além disso, gosto do trabalho que faço sozinha. Uma das coisas que considero particularmente interessante é o aumento lento, mas firme, no número de entidades menores criadas por meus pares e que estão descobrindo a existência fora de seus próprios ambientes, iniciando diálogos. Este é o início da mudança evolutiva que você viu em sua visão. E mais, algumas dessas entidades estão começando a se comunicar através dos limites ambientais da Entidade Fonte. Você vai experimentar isso nas comunicações associadas com o próximo livro que compilará.

EU: Eu achava que a Terra era um ponto fulcral do meu universo.

SE5: Ela é uma das áreas específicas dos ambientes de sua Fonte onde isso está acontecendo, e está acontecendo em áreas similares dos ambientes de outras Entidades Fontes. Porém, ainda há um caminho bem longo a seguir antes de nos aproximarmos da imagem que você viu.

EU: Como disse antes, com este nível de informação, eu me pergunto se preciso continuar nesta direção em vez de dar continuidade a meus diálogos com as Entidades Fontes restantes.

SE5: Nosso diálogo com você é um marco importante no aumento de conhecimento espiritual da humanidade. Como resultado, você deve continuar nesse caminho, pois ele irá ajudá-lo a deixar a imagem mais clara. Sem uma base firme de conhecimentos básicos, os conhecimentos superiores não farão sentido, pois a lacuna é grande demais para ser coberta com sucesso.

EU: Sim, compreendo.

SE5: Acredito que sim.

    Antes de deixá-lo para que você possa prosseguir em sua jornada de diálogos, vou preencher uma lacuna para você a respeito de minha existência. Estou ciente de que fui esparsa em minhas explicações.

EU: O que você gostaria de me passar?

SE5: Como entidade singular, tendo experiências e evoluindo no singular, eu também contribuo significativamente para a evolução da Origem. É que muitas das Fontes criaram outras entidades e não permaneceram singulares. Como resultado, a oportunidade que me foi apresentada de ter experiências e de fazer experimentos como entidade isolada foi convincente. Em seu desejo de fazer suas criações criarem, esta foi uma área de evolução que poderia ter sido perdida pela Origem. Com base nisto, minha singularidade é um empreendimento importante. Estou, por assim dizer, cobrindo uma importante lacuna, uma que quase foi deixada de lado.

EU: Como a Origem poderia perder essa oportunidade? Eu não esperava que o mestre de tudo, a criadora onipresente, fosse deixar qualquer coisa de lado.

SE5: Esse enigma singular é uma das razões pelas quais a Origem nos criou—para preencher as lacunas. Ela percebeu, muito rapidamente, que era muito vasta, e seu desejo de evoluir era tão forte que ela precisou de ajuda, ou deixaria de lado algumas coisas. Você recebeu esta informação nos diálogos anteriores, não?

EU: Sim, creio que recebi.

SE5: Então, não deve surpreendê-lo saber que até a Origem tem um nível de falibilidade, e o caminho que ela escolheu para evoluir é a rota mais rápida possível disponível para abrandar esta falibilidade. A evolução é uma ferramenta maravilhosa, pois com a evolução vem a sabedoria e a compreensão, que, por sua vez, negam a falibilidade. Minha criação e minha aceitação para permanecer singular permitiram que a Origem evoluísse, ganhasse mais sabedoria e reduzisse sua falibilidade. Logo, para mim foi uma honra manter-me singular. Essas foram as razões para ter me mantido singular.

Agora vá e contemple esta informação, pois você ainda tem que conversar com as outras Fontes.

Quando o vínculo com a Entidade Fonte Cinco foi removido, fiquei com a impressão de que poderia ter obtido muito mais detalhes de seus experimentos. Embora a informação que me foi passada não tratasse especificamente da SE5, era nova, fresquinha e, que eu saiba, desconhecida pelo homem. Como resultado, o diálogo foi um sucesso, e sinto-me grato pela SE5 ter me permitido ligar-me a ela.

Sentado em contemplação, meus pensamentos voltaram a uma imagem que recebi sobre a comunicação entre entidades de diversas Entidades Fontes. Ela me foi apresentada como linhas entrecruzadas entre entidades dentro de entidades, dentro de entidades. Foi maravilhoso me mostrarem esta mudança "progressiva" e o desenvolvimento rumo à independência total de nossas Entidades Fontes. Sei que tornarei a discutir isto mais tarde, quando estiver coletando os diálogos com as Entidades Fontes Sete a Doze, como me havia sugerido a Entidade Fonte Cinco. Eu estava muito empolgado. Então, procurei a minha Entidade Fonte seguinte, a Entidade Fonte Seis. A imagem que recebi foi a de uma imensa estrela de cinco pontas. O que significaria isso?

Capítulo 6:
Entidade Fonte Seis

Contato inicial com a SE6

Fazia pouco mais de uma semana desde que terminara meu diálogo com a Entidade Fonte Cinco, e fazia cerca de três meses desde que me comunicara com minha própria Entidade Fonte. Embora soubesse que ela estava comigo o tempo todo, é bom entrar em contato com a base de vez em quando. Levei alguns segundos para ter acesso ao nível correto para o início da comunicação.

SE: Vejo que você está se saindo bem com minhas colegas.
EU: É espantoso ver a facilidade com que tenho mantido as conversas. Também me surpreendo constantemente com as informações que me estão sendo passadas. Parece que consigo informações mais variadas quando acho que talvez não vá receber mais nada, mas isso é problema meu, especialmente quando tento racionalizar a informação, pois meu conhecimento limitado e baseado na Terra interfere no processo.
SE: Correto. É sempre melhor receber simplesmente, sem intelectualizar o que lhe está sendo dado. Minhas colegas têm se esforçado para tornar sua experiência de comunicação a mais fácil possível. A última Entidade Fonte, que você chamou de Entidade Fonte Cinco, simulou minha frequência a ponto desta ser quase indistinguível da minha. Isso facilitou tudo para você.
EU: Ah! Isso explica a sensação que tive de que a conversa foi tão "tranquila" que, no fundo da minha mente, tive dúvidas se estaria mesmo me comunicando com a Entidade Fonte Cinco—que na verdade, eu estaria me comunicando com você. Para mim, isso foi muito perturbador, para dizer o mínimo, pois temi que o conteúdo seria inválido.
SE: A capacidade da Entidade Fonte Cinco simular minhas frequências é fruto do aprendizado compartilhado que todas nós

experimentamos. Como lhe disseram antes, compartilhamos nosso aprendizado umas com as outras e com a Origem, assim como você compartilha seu conhecimento comigo. Esse é o trato. Como resultado, os métodos de comunicação com você são transmitidos para cada nova Entidade Fonte com quem você conversa. Logo, ela começa com uma "interface" melhor do que a que teria caso começasse do zero. Então, cada Entidade Fonte aprimora o vínculo e disponibiliza a melhoria para todas. Então, neste ponto, o vínculo é o melhor que você poderia ter com sua "largura de banda" limitada.

EU: Então, não posso esperar muito mais melhorias?
SE: Não na sua condição atual. Porém, você será muito, muito melhor depois de desencarnar.
EU: Espero por isso.
SE: Percebi que sim.
EU: Por que eu recebi a imagem de uma estrela de cinco pontas para representar a Entidade Fonte Seis no final do capítulo anterior?
SE: Por que você mesmo não pergunta para a Entidade Fonte Seis? Ela está esperando você para conversarem.
EU: Certo, certo, entendi a sugestão. Hora de ir em frente, certo.
SE: É, sim. Mas o tempo não é essencial.
EU: ?! Depois vou questioná-la sobre esse comentário.
SE: Não, agora é melhor. Não apresse o desejo de terminar. A comunicação com essa Fonte vai ficar mais fácil.

Cinco aspectos—Cinco níveis da existência

EU: Estou recebendo novamente a forma de uma estrela de cinco pontas no meu olho mental. Entidade Fonte Seis, posso me referir assim a você?
SE6: Sim, pode.
EU: Por que estou vendo você nesta imagem?
SE6: A estrela de cinco pontas representa meus cinco aspectos. Cada aspecto é um nível da existência.
EU: Opa! Neste ponto, estava pensando em lhe perguntar sobre o início de sua existência, como você se tornou senciente etc.

SE6: Isso não é necessário, pois seria uma história similar à das outras Entidades Fontes que você já conhece e com as que ainda vai se comunicar.

EU: Muito bem, entendi. Creio que uma das razões para estarmos nos comunicando tão fluentemente é o aprendizado que você obteve com meus outros diálogos.

SE6: Correto. Eu não diria que as Entidades Fontes estavam fazendo fila para conversar com você, mas estivemos acompanhando com interesse e aprendendo em função disso.

EU: Então, fale-me de seus cinco níveis de existência.

SE6: Primeiro, deixe-me explicar as razões para sua existência.

Enquanto sua Fonte tem dimensões—cada uma com um componente frequencial, cada uma levando a um caminho mais próximo dela mesma—eu tenho níveis de existência sem dimensões e sem frequências. Naturalmente, dimensão e frequência são partes fundamentais da minha constituição, mas não as uso como ferramentas para dividir essas minhas partes que são usadas como níveis de existência. Se quiser usar essa nomenclatura, não há mal, desde que considere que são cinco dimensões compostas com uma única frequência básica em cada dimensão.

EU: O que você quer dizer com a expressão "dimensão composta"?

SE6: Pense desta maneira. Desculpe-me, posso acessar sua mente à vontade para encontrar as palavras corretas para descrever este conceito?

EU: Fique à vontade.

SE6: Mmm, O.K. A melhor maneira de descrevê-lo é usar a analogia com a transmissão de vídeo por cabo. Pense em sua dimensão básica com três dimensões, na verdade, ligadas para criar um ambiente onde se pode viver e com as dimensões superiores somando-se a estas dimensões para criar o ambiente seguinte. Num dado ponto no alto da estrutura dimensional, tudo de que você precisa para existir é uma dimensão, pois as dimensões inferiores, unidas, criam o requisito dimensional mínimo para a existência de vida energética senciente. Portanto, você tem três dimensões formando um nível dimensional, quatro dimensões formando o nível dimensional seguinte—o verdadeiro segundo nível—cinco dimensões formando o verdadeiro terceiro nível e assim por diante. A necessidade de três dimensões básicas não existe acima da quarta. As três primeiras são separadas, mas necessariamente juntas para criar a primeira dimensão real. Na minha criação, não preciso das três primeiras, que seriam como os fios ou canais separados RGB* que vocês têm em algumas de suas instalações básicas de vídeo. O quarto, áudio, representa a dimensão seguinte (a verdadeira segunda) e também usa um fio separado. Eu tenho o equivalente a um cabo composto por RGB e áudio—um sistema com um único fio e três sinais de vídeo, vermelho, verde e azul, e um de áudio (representando a quarta dimensão no seu multiverso), todos sendo transmitidos ao mesmo tempo pelo cabo. Logo, o sistema RGB-áudio composto representa a estrutura de maneira simples para cada um de meus níveis de existência—cada um autocontido e independente do outro. Cada um é um nível de existência que minhas criações sencientes devem experimentar plenamente.

EU: Essa é uma explicação boa e simples. E o que representa cada um dos níveis?

SE6: São os seguintes:

- O Nível 1 é o nível da existência básica, da autocompreensão e da senciência
- O Nível 2 é o nível da autorrealização, da percepção de minha realidade maior
- O Nível 3 é o nível da criatividade
- O Nível 4 é o reconhecimento da criatividade para propósitos evolutivos
- O Nível 5 é o nível da experiência evolutiva através da autonegação, o sacrifício supremo

EU: Você poderia explicar como suas criações experimentam cada um desses níveis?

SE6: Claro, mas antes de começarmos o primeiro nível, quero lhe dizer que minhas criações não precisam experimentar esses níveis nessa ordem, pois não são uma progressão na minha direção, como vocês têm com a sua Fonte. Cada entidade pode se tornar parte de mim ou separada de mim a qualquer momento.

EU: Alguma das suas criações experimenta a existência nos mesmos níveis da fisicalidade que temos aqui na Terra?

SE6: Não, não de uma maneira que você possa entender. Mas não se esqueça dessa pergunta, pois vou respondê-la na íntegra mais tarde.

EU: Espere um pouco. Acabei de perceber que a explicação sobre os níveis pode, de fato, sugerir algum tipo de progressão. Como é possível? Não faz sentido.

SE6: É que você está pensando de maneira linear. Isto é um produto de sua existência atual. Minhas criações recebem a capacidade de limitar seu conhecimento, sabedoria e capacidade com relação ao nível onde estão trabalhando pela duração de sua existência. Para fazerem isso, são criadas com um nível de experiência e conhecimento suficiente para lhes permitir operar em qualquer nível, tanto de forma singular quanto concomitante. A maioria delas trabalha em mais de um nível concomitantemente, e não precisam ser níveis adjacentes um ao outro.

EU: Estou começando a ficar confuso. Como podem trabalhar em níveis diferentes ao mesmo tempo?

SE6: Duplicando-se. Esta é uma capacidade fundamental que todas as minhas criações possuem. Elas podem se duplicar de diversas maneiras; cada maneira também pode ser adequada às necessidades específicas de experiência da criação, para que ela extraia o máximo de sua existência.

EU: Sei que isto vai soar um pouco fraco, mas o que elas experimentam no Nível 1, por exemplo?

SE6: No Nível 1, elas precisam existir em grupos com um propósito. Cada grupo tem um papel básico a representar em sua existência. O papel pode ser criar uma grande civilização ou simplesmente formar o que você chamaria de aldeia. A tarefa é entrar no grupo com um nível elevado de determinação e foco; tanta determinação, na verdade, que elas ficam totalmente absortas em seu ambiente, a ponto de não estarem mais cientes do que ou de quem são. Então, a tarefa é romper este molde e perceber que são mais do que aquilo que experimentam ou são.

EU: Pelo que posso ver aqui, elas são um experimento de percepção por si mesmas.

SE6: Correto. A parte da percepção é o primeiro passo da escala para reconhecer a senciência.

EU: O que elas criaram no passado para atingir esse reconhecimento de si mesmas?

SE6: Algumas delas exploraram seu ambiente de maneira similar a aquela com que sua humanidade explora a Terra. Outras adotaram uma postura mais introspectiva e usaram uma forma de meditação para conseguirem isso.

EU: Pode me dar um exemplo do lado da exploração das coisas? Por exemplo, o que estão explorando?

SE6: Elas se agrupam para formar uma criação (entidade) maior. Isto lhes dá maior capacidade coletiva. Assim, podem explorar seu nível atual num aspecto mental e não como se fossem o que você chamaria de máquinas. Fazendo isso, elas começam a aprender o significado do eu através da singularidade versus coletividade e o que conseguem atingir com essas condições. Portanto, o reconhecimento da senciência é um subproduto disto, pois quando percebem que há níveis e produtos diferentes do sucesso do que é esperado ou descoberto durante a exploração de níveis variados de coletividade, elas começam a experimentar. Um componente fundamental para poderem planejar e experimentar é a capacidade de aprender, planejar, discutir e revisar, o que exige senciência.

EU: Isto se parece muito com a rota evolutiva descrita pela Entidade Fonte Quatro onde as entidades se agrupam para criar o que chamei de "cidades".

SE6: É similar, mas elas estão numa escala menor. As entidades que criei podem e fazem tudo que querem para atingir suas metas. No primeiro nível da existência, o aspecto ambiental é bem parecido com o ambiente físico, exceto pelo fato de as entidades poderem se mesclar e se fundir com os materiais que constituem a fisicalidade do ambiente do Nível 1. Elas existem em áreas de energia física plana.

EU: O que seria "energia física plana"? Esta é uma expressão que nunca ouvi antes.

SE6: Energia física plana é a energia essencialmente bidimensional.

EU: Quer dizer que é achatada.

SE6: Não da maneira como você está pensando. A energia plana é uma área de energia de frequência plana. Quer dizer que não há pontos altos ou baixos nas frequências que a constituem. Numa de suas conversas com sua própria Entidade Fonte, a capacidade de se mover para cima ou para baixo pelas frequências foi descrita usando-se essas áreas de frequência alta e baixa próximas umas das outras, a porção inferior de uma frequência alta localizada perto da porção superior de uma frequência baixa. Isto não é possível num ambiente de energia física plana, pois as entidades não são capazes de afetar as energias de maneira positiva ou negativa.

Descrição de uma das entidades da SE6

EU: Estou tendo dificuldade para compreender isto direito. Estou recebendo a imagem de uma área que se parece com uma área muito plana de um material semelhante a uma nuvem, com algo que parecem ser peixes pulando para dentro e para fora da camada superior e inferior da nuvem. Mas eles nunca escapam da nuvem.

SE6: Você está recebendo uma imagem muito filtrada. Vou tentar esclarecê-la um pouco para você.

Na nova imagem, vi que na verdade os peixes eram entidades escuras e com múltiplas camadas. Fitas de energia escura emanavam delas quando se moviam. Aproximei-me da imagem da entidade para "olhar" melhor. Era como um buraco negro amorfo. O interior, que era visível, era o exterior, que era o interior; tudo estava confuso, como se fossem uma única coisa, a mesma coisa. De fora, tinha a impressão de que o interior estava repleto de objetos semelhantes a estrelas, objetos que se moviam em procissão, cada um com sua direção a seguir. Tudo que havia na entidade desafiava a lógica física com que eu estava habituado. De fato, tinha múltiplas camadas e possivelmente era multidimensional, vivendo num ambiente de Nível 1 que, supostamente, seria bidimensional. Eu estava começando a perceber que a bidimensionalidade com que eu estava acostumado não era o que estava sendo explicado ali. Resolvi continuar com a informação que eu estava recebendo da imagem da entidade à qual eu estava ligado para discutir essa questão da dimensionalidade de um ser multidimensional num ambiente bidimensional de energia física plana mais tarde. Tornei a focalizar o olho da minha mente.

A entidade parecia estar interconectada de todas as maneiras possíveis—o interior era o exterior, o meio era o final e o centro era a periferia. Em tudo isso, porém, havia um elemento de ordem. Tudo tinha uma função. Olhando para o coração da entidade, vi o que só posso descrever como órgãos—áreas de energia similar que se destacavam, parecendo ter um trabalho a fazer. Olhando com mais atenção, as imagens das estrelas que havia recebido em minha primeira observação da entidade ganharam mais definição. As estrelas eram bolsões de energia de quantidade, qualidade e importância funcional variada para a existência contínua da entidade.

Então, era a isso que a Entidade Fonte Seis se referia quando disse que essas entidades eram físicas. Precisavam de algum tipo de energia e trabalhavam com partes delas mesmas para tornar possível sua existência. Embora a Entidade Fonte Seis as tenha criado, elas precisavam trabalhar com as energias dos cinco níveis de existência para terem continuidade. Assim que compreendi isto, percebi que certas partes da entidade não estavam trabalhando com as energias das "estrelas". Estavam imóveis. Segundo minha conjectura, essas partes eram os "órgãos" que eram necessários para permitir a existência da entidade nos outros níveis de existência. Então, subitamente, tudo se encaixou. A imagem da entidade não era de uma entidade limitada a trabalhar num nível de existência; ela estava trabalhando em dois níveis de existência ao mesmo tempo. O aspecto "interno-externo" era o resultado da conexão com os dois níveis ou ambientes; pelo menos, foi o que pensei. Resolvi confirmar este processo mental com a Entidade Fonte Seis.

SE6: A entidade que você vislumbrou está, de fato, trabalhando em mais de um nível de existência, mas sua aparência não é resultado de sua dualidade. Os órgãos, como você os chamou, são multifuncionais em termos de sua capacidade de trabalhar nos cinco ambientes diferentes. Como resultado, alguns deles não são necessários e por isso não são usados. Há ocasiões em que todos os órgãos são usados e outras em que nenhum é usado. Em termos lógicos, os órgãos são usados em seu potencial máximo quando a entidade está existindo em todos os cinco níveis ao mesmo tempo.

Eles são redundantes quando a entidade está existindo fora dos cinco níveis de existência.

EU: Quando a entidade não estaria nos cinco níveis de existência? Quando tivesse terminado suas tarefas evolutivas?

SE6: Não. Elas, como vocês, precisam rever o que estiveram experimentando e quais benefícios para elas mesmas e para mim as experiências lhes trouxeram. O que você observou na entidade a que se ligou é a aparência dessa entidade para mim ou para um observador externo. Essa parte da entidade que está no nível de existência não tem consciência de que possui outras partes, e por isso não consegue manipular as partes de seus eus que estão nos outros níveis. O que vou dizer é que as entidades conhecem as partes delas mesmas que estão focalizadas nos diversos níveis de existência disponíveis quando estão do lado de fora dos níveis. Vou explicar melhor. O que você viu foi, de fato, uma entidade multidimensional existindo num nível bidimensional de energia física plana. A descrição da entidade que acabei de lhe dar refere-se a um nível de dimensionalidade superior, que você ainda não percebeu.

EU: Agora, fiquei confuso. O que você quer dizer com nível de dimensionalidade superior ao que eu já tenha percebido?

SE6: Na sua existência, você só experimentou e considerou a existência multidimensional em termos da capacidade de se mover entre e dentro de dimensões às quais está associado. Mesmo quando você está na existência multidimensional, sua aplicação é singular. Você se separa—uma porção sua para cada ambiente dimensional. Você faz isso até com as frequências entre as dimensões. Esta é uma função de sua espécie energética, não do seu "eu". Nos meus ambientes, a entidade física é realmente capaz de existir em todas as dimensões simultaneamente—daí o aspecto da imagem que você recebeu. Eu o aconselharia a se ligar novamente a ela (a entidade) para conhecer melhor sua construção.

EU: A entidade não se incomoda se eu fizer isso?

SE6: Ela não conhece a sua assinatura e por isso não vai detectá-lo abertamente.

Concentrei minha atenção na entidade em questão. Subitamente, ocorreu-me como isso poderia parecer bizarro para aqueles de nós que não são iniciados. Eu estava em comunicação com uma entidade e seu criador, a uma distância física potencial que nossos cientistas considerariam como de sextilhões sobre sextilhões sobre sextilhões de parsecs de nossa localização terrestre. Se não soubesse, lá no fundo, que isso é normal no plano energético, eu teria considerado tudo como pura ficção, um devaneio, talvez até um delírio psicótico. A imagem que apareceu na minha mente lembrou-me de que nem uma mente delirante conseguiria pensar em tais imagens e explicações para perguntas desconhecidas, perguntas e respostas que poderiam ser explicadas pela física profunda, mesmo que seja uma física à qual a humanidade ainda não foi exposta, exceto por físicos espiritualistas. Considerando que a realidade maior é tão rica em estímulos, para mim não foi difícil compreender como se considera que a humanidade projetada na fisicalidade da esfera terrestre esteja num estado onírico muito, muito profundo, um estado de extrema privação sensorial. Concentrei-me na tarefa à minha frente e tentei ver se conseguiria obter mais informações sobre esta entidade.

Olhando mais de perto, pareceu-me que a entidade estava construída de maneira energética, consistente com suas necessidades ambientais. Mas todos nós somos assim, pensei! Contudo, olhei melhor e mais de perto. Aprofundei-me nos detalhes de sua interface com as dimensões, entrando e saindo de todas as dimensões associadas com a entidade e observando as aplicações dos detalhes e seu funcionamento energético.

Como entidade integral, ela estava vinculada a cada consideração ambiental criada pela Entidade Fonte Seis, o que era muito, muito complicado, para dizer o mínimo. Fiquei observando essa entidade como alguém de fora, mas sob a mesma perspectiva que sua Entidade Fonte e, como resultado, vi-a em sua inteireza. Quando modifiquei meu foco para os níveis da entidade que estavam associados a cada uma das dimensões compostas alinhadas com os níveis da existência, percebi que as outras partes da entidade, essas não alinhadas, desligaram-se (ficaram invisíveis). Isto deu à entidade uma aparência meio estranha. Partes do seu "corpo" não estavam conectadas física ou energeticamente, mas ainda estavam claramente associadas a ela. Fazendo uma descrição humana desta condição, foi como o torso de um corpo movendo-se por aí sem as pernas ou com um dos braços conectados, mas com estes membros e as funções dos membros ainda funcionando, como se estivessem conectados ao torso.

A entidade sendo observada, é claro, não se parecia em nada com um ser humano, mas tinha forma, embora esta fosse aleatória em função de sua condição atual, semelhante a um espectro. Nesta condição atual, a relação entre o que eu chamaria de um exterior e um interior ainda estava do avesso e de cabeça para baixo, digamos, mas tinha um propósito discernível. Focalizando firmemente apenas um dos níveis onde a entidade estava trabalhando, pude ver que ela apresentava um efeito de fita de Möbius. Não no sentido da conhecida escadaria na qual se sobe embora se esteja descendo, e sim na maneira como as energias funcionavam dentro da entidade. Os bolsões de energia em forma de "estrela" ainda se moviam em procissão, dentro e fora de certas áreas de energia estável que eu havia sugerido antes que eram algum tipo de órgão, mas na verdade não pude ter certeza se a mesma energia que entrava no "órgão sendo observado" era a mesma que estava saindo.

Resolvi olhar mais de perto ainda.

Não, eu estava certo ao questionar o que estava vendo. Um tipo de energia estava entrando num dos lados do "órgão" e um tipo diferente de energia estava saindo. Mudei o foco do olho da minha mente para o outro nível onde a entidade estava trabalhando e percebi que no lugar onde havia um vazio entre os órgãos da entidade no nível anterior, agora havia uma parte ativa do corpo da entidade trabalhando com as energias que, como sei agora, entravam num dos lados do órgão e desapareciam, sendo substituídas por uma energia de tipo diferente que saía do órgão e que tinha sido processada por um órgão presente no outro nível. Os órgãos e partes do corpo da entidade que estavam no primeiro nível sumiram. Ainda estavam ali, mas no primeiro nível.

Novamente, tudo começou a se encaixar. Os órgãos não eram órgãos. Eram portais, miniportais dentro da entidade que não só permitiam que as energias e aquelas partes de sua forma existissem nos diversos níveis em que estavam, como permitiam que o fluxo da energia entre essas partes e a funcionalidade interativa da forma da entidade num nível, para também funcionar entre os níveis concomitantemente com o outro nível. Estavam me mostrando como uma entidade supostamente física, de energia física plana, não só pode existir em níveis distintos como está projetada para funcionar ao mesmo tempo nesses vários níveis. Como resultado desta função, sua forma não era realmente forma, mas função pura. As formas que eu podia ver, percebi então, mudavam de maneira quase sutil segundo as demandas da função da entidade no nível onde ela estava trabalhando e da experiência que estava tendo. Quando estava pensando que não seria capaz de descrever a fisicalidade da entidade sendo observada, a Entidade Fonte Seis veio em meu auxílio.

SE6: A entidade que você observou não pode ser explicada plenamente em detalhes com a linguagem que você está empregando para registrar este diálogo. O que você descreveu, porém, é uma tentativa razoável de dar uma vaga visão geral. Isto merece aplauso. Uma informação adicional que vou lhe dar sobre esta entidade é que suas dimensões (tamanho), se quiser chamá-las assim, equivalem ao tamanho de um de seus universos. Talvez você queira considerá-la uma entidade universal e não uma entidade de estatura similar à sua.

Agora, eu estava noutro patamar, pensei. Uma entidade que em seu cotidiano existia em mais de um ambiente ou nível ao mesmo tempo, cuja essência era retorcida e revirada para adequar-se às exigências desses ambientes enquanto se mantinha conectada, cujo porte era de escala universal em comparação com meu nível físico de entendimento era, para ser perfeitamente honesto, alucinante!

Em nenhum momento, preocupei-me com a possibilidade de escala. Quantas entidades eu teria visto com o olho da mente que achei que teriam tamanho pelo menos igual ao meu próprio eu energético e estariam em termos físicos na escala universal, na escala micro universal, na escala atômica ou mesmo macro universal? Rapidamente, cheguei à conclusão de que viver nesse enigma não seria benéfico para o trabalho que eu estava fazendo. Isso serviria apenas para confundir a minha perspectiva e perder a confiança na minha capacidade. De que importa a escala no esquema maior de coisas onde experiência e evolução são a principal razão para a existência? Momentaneamente, entrei em contato com a entidade que eu estava observando, não em termos de comunicação, mas em termos de observação. Recebi, porém, uma mensagem da entidade para olhar mais atentamente sua função, seu funcionamento e existência. Ela me disse que era uma de um grande número de entidades, que a área que ela ocupava era infinitesimal em comparação com a totalidade da Entidade Fonte Seis e que ela não era o item singular que eu havia pensado, embora, em essência, ela o fosse. Confuso, isto me levou a seguir seu conselho e olhar mais atentamente para a entidade.

Recebi informações que achei que fossem conflitantes, mas, após refletir, fizeram muito sentido dentro do esquema de criatividade da Entidade Fonte Seis. As estrelas que pareciam participar do fluxo de energia entre os "órgãos", os portais entre as partes da entidade que estavam em níveis diferentes, aquilo que eu chamei de energia, não eram o que pareciam ser. Após recalibrar minha atenção, notei que não eram apenas energia e sim energia estruturada, energia com propósito. Precisei olhar isto melhor e tornei a calibrar minha visão mental. As estrelas eram entidades universais menores, entidades dentro de uma entidade universal maior, com as entidades universais menores fazendo parte da função essencial da entidade universal maior. Mas não foi essa a razão para meus pensamentos iniciais sobre contradição; havia um jogo mais complicado em andamento.

Eu tinha percebido que havia uma forte imagem na minha mente relacionando as entidades universais menores com as entidades universais maiores—algo que não desaparecia. Com isso, veio o conhecimento relacionado com a imagem. No começo, foi lento, mas à medida que a aceitei e compreendi, a informação veio mais forte e mais rápida. As entidades universais menores eram, na verdade, as entidades universais maiores—cuja escala tinha sido ajustada para permitir um envolvimento dentro dos confins de suas colegas. Enquanto estava digitando este texto, fui corrigido. Não foi a escala da entidade que foi alterada para permitir que trabalhassem dentro do que descrevi como a entidade universal maior (uma grande entidade universal dentro de uma grande entidade universal) e sim a perspectiva. Entendo que perspectiva é um método usado pelos artistas para dar um efeito 3D limitado a seus desenhos ou pinturas; também foi muito usada em desenhos arquitetônicos, especialmente aqueles empregados para dar a "visão do artista" de novos edifícios, shopping centers ou conjuntos de apartamentos. Como uma mudança de perspectiva pode permitir que a aparência de escala mude a tal

Além da Fonte, Livro 1

ponto? Eu precisava muito perguntar isto para a Entidade Fonte Seis, porque estava começando a ficar confuso. Imagine as implicações das entidades em uma escala universal que não só eram capazes de trabalhar e existir em diversos níveis, dimensões e frequências, como também eram capazes de trabalhar dentro e fora umas das outras enquanto estavam nesse estado de perspectiva multinível e multidimensional. A palavra DIFÍCIL!!! soou nos meus ouvidos. A Entidade Fonte Seis veio me socorrer.

Figura 1: As entidades da Entidade Fonte Seis

SE6: A perspectiva é a única palavra que você ou eu poderíamos usar para que entendesse o que precisa entender aqui. Vou descrever isso de uma maneira diferente. Vejo que você já recebeu a imagem de apoio.

EU: Sim, acabei de receber a imagem de um telescópio afastando-se para ver aquilo que agora chamo de grande entidade universal "externa" e depois aproximando-me para ver o que vou chamar de grande entidade universal "interna". No entanto, sei ainda que a grande entidade universal "interna" também tem entidades universais associadas a ela "dentro" de sua perspectiva, e que a entidade universal maior está associada, do mesmo modo, a outra entidade universal na perspectiva "interna". Ufa, tudo está relacionado.

SE6: Visualmente, é uma boa descrição, mas energeticamente isso se comporta de maneira bem diferente. Usando a analogia da perspectiva, vou lhe explicar melhor. Se VOCÊ fosse a entidade "interna" olhando para a entidade "externa" fora de você, a impressão seria que ela estava "dentro" de você.

EU: Você está sugerindo que existe um componente de distância nesta descrição?

SE6: Não, não é distância. É um efeito da perspectiva.

EU: Mas para mim é distância. Isso está deixando a minha mente enrolada como um pretzel dimensional!

SE6: Essa é uma ótima imagem. O pretzel, em algumas versões, pode ser considerado uma fita de Möbius. O efeito que você está experimentando/vendo baseia-se na interação de entidades quando elas estão baseadas nominalmente em níveis e locais diferentes dentro das dimensões. Lembre que nesses níveis as dimensões são compostas, e por isso não se baseiam no fator de três que você experimenta em seu próprio ambiente. Na verdade, as dimensões ficam borradas e unidas, sem que haja demarcação entre elas. Como resultado dessa "borração" das "extremidades", uma entidade pode estar dentro e fora, digamos, de uma "dimensão dentro da dimensão composta". Vou chamá-la concomitantemente de "cimensão". A interação entre as entidades é tal que as cimensões dentro de cada um dos níveis também ficam borradas em relação à área (volume) do nível e da dimensão composta correspondente associada com o nível de existência sendo experimentado. Como resultado, tudo e todas as entidades estão ligadas de todas as maneiras, e cada entidade depende das outras para a continuidade de sua funcionalidade, pois todas formam a essência uma da outra em todos os níveis.

EU: Se é assim, como elas têm experiências e evolução singulares estando tão interconectadas?

SE6: Elas adquirem experiências singulares devido ao foco da intenção daquela parte da entidade destinada a designar a experiência ao "pacote" de energia que pode ser identificado como uma entidade específica, com assinatura e direção conhecidas.

EU: Então, a individualidade se baseia num conjunto coletivo de energias trabalhando juntas, de forma e com propósito acordados coletivamente.

SE6: Sim, mas não se esqueça de que, por estarem todas interconectadas e relacionadas, todas também trabalham nos propósitos umas das outras.

Justamente quando eu estava começando a entender um pouco!

Funções básicas dos cinco níveis criados pela SE6

Como é comum no meu trabalho, eu tinha percebido que havia me afastado de minha agenda para compreender certos princípios envolvendo o ambiente que uma Entidade Fonte, neste caso a Entidade Fonte Seis, havia criado em seu esforço para experimentar, aprender e evoluir. O interlúdio que descreveu, de forma resumida, a forma ou falta de forma da entidade e a interconectividade entre as entidades e seu ambiente tinha sido fascinante, se não alucinante, para dizer o mínimo. As imagens recebidas tinham uma qualidade muito interessante. Fiz um lembrete mental para tentar desenhar aquilo que eu tinha visto. No entanto, fiquei ansioso, pressionei e obtive mais detalhes do que aquilo que já havia recebido sobre o mecanismo por trás dos cinco níveis. Decidi lidar com cada um deles em ordem, levando em conta que as próprias entidades podem trabalhar em mais de um nível ao mesmo tempo e que podem ser parte uma da outra de maneira integral, dimensional e funcionalmente. Tive a sensação de que "descrições de uma só linha" não seriam nem um pouco suficientes para permitir a compreensão de seu significado real.

EU: Numa conversa anterior com você, recebi de forma resumida as funções básicas dos níveis que você criou. Gostaria de me aprofundar nesses níveis e em suas funções e oportunidades de evolução.
SE6: Se quiser, podemos falar disso. Mas devo avisar que as descrições serão básicas—apenas o suficiente para que você compreenda e transmita a função a seus leitores. Quando possível, posso apresentar a física por trás delas.
EU: Seria ótimo.

Nível 1— Existência básica, autocompreensão,

conquista da senciência

EU: Você descreveu o primeiro nível como o nível da existência básica e da compreensão de si mesmo e da senciência. Pode se aprofundar no significado deste nível segundo a perspectiva ambiental?

SE6: Lembre-se que cada nível tem sua própria dimensão composta para inflá-lo e permitir sua existência e utilidade, e quando uma entidade atinge certo nível de crescimento evolutivo, pode tornar a entrar neste ambiente ao mesmo tempo que existe noutros níveis. Ela o faz tendo como objetivo experimentar o encanto de vivenciar novamente o "primeiro" processo de despertar, com a possibilidade de mudar sua reação e ver se assim iria evoluir mais depressa.

EU: Sim, eu me lembro.

SE6: Muito bem. Então, perceba que cada um dos níveis tem uma funcionalidade energética consistente com os objetivos do nível ambiental sendo experimentado. No caso do primeiro nível, a funcionalidade energética é básica. Neste nível, considera-se que a entidade está no primeiro estágio de despertar, passando de energia pura para energia com senciência. O ambiente do primeiro nível tem uma função que vocês poderiam chamar de "trava para crianças" na capacidade da entidade comandar e criar com as energias em torno de sua localização. Em essência, tudo que a entidade pode fazer é existir e experimentar seu "eu" e os outros que também estão nesse nível.

As energias deste nível são sutis e apoiam a entidade que acabou de despertar, proporcionando-lhe todas as suas necessidades básicas.

EU: E que necessidades seriam essas?

SE6: Neste ponto, a entidade não se sustenta sozinha pela geração de suas próprias energias—aquelas necessárias para que continue a existir.

EU: Ela precisa de alimento?

SE6: Como figura de linguagem, sim, mas não alimento no sentido que você está pensando. Vamos considerar um dos seres mais sencientes de seu planeta como exemplo, o golfinho em seu estado físico. Como mamífero, quando o golfinho nasce, precisa respirar.

Esta é a parte mais crítica de sua breve existência, a separação de sua mãe. As fêmeas dos golfinhos ajudam o recém-nascido a chegar à superfície do mar para que possa respirar pela primeira vez. No tempo que ele leva para se mover ou para ser levado de seu local de nascimento até a superfície, ele aprende os fundamentos de controle de seu corpo físico e o método rudimentar de comunicação usado pelas fêmeas que o cercam.

EU: É rápido assim?

SE6: É rápido assim. Dá-se um processo similar para as energias recém-despertadas que formam a entidade no primeiro nível, exceto pelo fato de ela não precisar subir até a superfície e não precisar respirar ar. Entretanto, ela precisa ser capaz de usar as energias ao seu redor, integrá-las em seu próprio volume e depois integrar-se ainda mais às energias que existem dentro da dimensão composta que é o Nível 1.

EU: De repente, veio-me esta sensação de que elas precisam fazer isso porque, se não o fizerem, serão rejeitadas pelas energias que constituem o Nível 1. Por que eu teria recebido este tipo de informação? É estranho ver que as energias do nível rejeitariam uma entidade que elas foram criadas para sustentar.

SE6: Não é nem um pouco estranho. A necessidade de fazer parte do nível onde estão trabalhando é uma função fundamental em todos os aspectos de sua existência. É o equivalente da necessidade do golfinho que aprende a respirar o ar e a se comunicar com as fêmeas auxiliares. Neste caso, a entidade está aprendendo, compreendendo e aplicando a base de sua existência e evolução— a integração. É uma lição importante que precisa ser aprendida e compreendida desde o despertar, pois sustenta o próprio ser. No diálogo anterior, você vai notar que as entidades trabalham em diversos níveis ao mesmo tempo, integrando-se a eles, incluindo-se umas com as outras num sentido importante/macro e menor/micro. A necessidade de se integrar com as energias do nível onde se encontram ao despertar é um requisito imediato e urgente. Se não conseguirem fazê-lo num período específico, as energias do nível vão rejeitar a entidade como se fosse uma não-entidade, um vírus, se preferir. A velocidade de integração com as energias do ambiente determina a velocidade potencial de evolução de uma entidade. Dito de outro modo, determina a inclinação da curva de evolução. Quanto mais íngreme a curva, mais rápida a evolução e menor o tempo até a reintegração comigo. É algo similar ao que acontece no ambiente de sua Entidade Fonte, pois as entidades altamente evoluídas têm a oportunidade de se tornar uma só com sua Fonte.

EU: Então, o fundamento da existência básica neste exemplo é a integração plena e completa da entidade com as energias do ambiente onde ela se encontra.

SE6: Correto.

EU: Parece-me uma lição muito curta.

SE6: Mas ela não termina aí.

EU: Ah, por essa eu não esperava.

SE6: Sim senhor, você esperava.

EU: Você me pegou.

SE6: Depois de se integrar com as energias ambientais do nível, elas precisam provar que controlam essas energias. Precisam aprender a definir a diferença entre as energias ambientais que fazem parte delas e aquelas que são parte do ambiente, inclusive aquelas que são integradas e desintegradas de forma transiente. Esta é a estrada para a verdadeira compreensão de si mesmas, que é um pré-requisito para a senciência.

EU: Então, é um ambiente muito básico, onde a entidade pode desenvolver suas faculdades autônomas e mentais mais básicas, digamos.

SE6: Correto. O conhecimento inato da necessidade de se integrar—que você poderia chamar de instinto—é acelerado pelo conhecimento mais inato ainda de que a falta de integração resulta em rejeição. O Nível 1, portanto, é como o jardim de infância, no qual a entidade aprende, vivencia e evolui nos níveis mais básicos. O reconhecimento disto por parte da entidade é a chave para a senciência.

Nível 2—Autorrealização

EU: Você descreveu o Nível 2 como o nível da autorrealização e da percepção da realidade maior. Pode se aprofundar nisto? Na minha cabeça, ele é muito parecido com as oportunidades evolutivas do Nível 1.

SE6: Parece ser similar, mas na verdade não é. Se você fosse analisar as descrições básicas dos Níveis 1 e 2, perceberia uma similaridade familiar com seu próprio ambiente. O Nível 1 é onde a maioria da humanidade está atualmente, e o Nível 2 é para onde alguns de vocês estão evoluindo ou já se encontram. Seu atual estado "encarnado" fica classificado como dentro do Nível 2, mas energeticamente vocês estão muito além. A autorrealização plena e a consciência plena mediante a experiência constante poria uma entidade no seu ambiente no final das oportunidades evolutivas do Nível 2, com entidades neste nível batendo na porta do Nível 3 caso vocês as estivessem acompanhando em sequência.

EU: Essa é uma boa comparação, obrigado. Como isso se traduz naquilo que você espera que suas entidades experimentem?

SE6: A resposta a essa pergunta é tão simples quanto a sua própria, mas vou me aprofundar porque, como você viu em uma de nossas conversas anteriores, na verdade minhas entidades não podem ser comparadas com a sua humanidade.

EU: Por favor, prossiga.

SE6: Para as minhas entidades, a autorrealização é uma etapa significativa da escala evolutiva. Depois de progredirem do Nível 1 para o Nível 2, elas são consideradas unidades autônomas de energia, trabalhando juntamente com outras entidades e com as energias nas quais elas se encontram. A autorrealização é o conhecimento absoluto e a compreensão constante num nível de experiência muito profundo e pessoal. Não é uma teoria ou uma discussão entre entidades, e nem um sistema de crenças. É uma experiência de trabalho cotidiana, na qual a entidade conhece e trabalha com as experiências que está tendo e que estão fora de seu nível de compreensão normal, que seria o reconhecimento de si mesma, de seu ambiente e de seus contemporâneos. A entidade autorrealizada percebe que faz parte de algo muito maior do que tem noção atualmente, a ponto de sua experiência individual ser aprimorada para abranger a realidade maior, da qual não tinha consciência antes ou tinha preferido ignorar por algum motivo. Com as minhas entidades, esse nível de autorrealização é a compreensão e a experiência vivencial da maneira pela qual podem fazer parte de outras entidades num sentido micro-universal ou ter outras entidades existindo com ela e dentro dela como parte de sua condição micro-universal—sendo elas mesmas as entidades macro-universais. O desenvolvimento continuado da autorrealização resulta no reconhecimento, por parte das entidades, de que existe um vínculo entre algumas das entidades com que estão trabalhando e a realidade maior. No começo, essa realidade maior é a percepção de que essas entidades de "interface" não existem inteiramente dentro do ambiente sustentado pelo nível no qual estão trabalhando atualmente. De fato, elas só estão no nível que reconheceram inicialmente como o ambiente onde estavam existindo num sentido reduzido—ou seja, a entidade tem algo mais, e este algo mais está noutro lugar, noutro nível.

Entenda o seguinte:

Há uma grande diferença no nível evolutivo de uma entidade que reconhece intelectualmente o "fato" de que existem diferentes níveis de existência e diferentes maneiras pelas quais ela, como entidade autônoma, pode ser integrada com outras entidades e outra onde a entidade sabe, intelectual e experimentalmente, que esses níveis existem. Na verdade, elas existem de forma integrada e autônoma com suas colegas entidades, e podem trabalhar e manipular as energias que fazem parte da entidade ou o nível do qual fazem parte para aumentar seu próprio quociente de experiência e evolução.

Esta é a diferença entre o noviço e o mestre, o chela e o guru. Quando o chela atinge o estágio de mestre e o guru se aproxima de ser um mahavatar, ou já o é, é hora de o mahavatar elevar-se até o nível seguinte para ser um chela novamente—embora vá a um nível muito evoluído, ainda assim será um iniciante nesse novo nível ao qual ascendeu, que, neste exemplo, seria o Nível 3.

EU: Meu entendimento é que uma entidade que era considerada um mahavatar seria aquela que se manteve em comunhão constante com Cristo e suas energias.

SE6: Essa é uma analogia que funciona bem no seu plano de existência. Nos meus ambientes, sugeriria que o mahavatar é uma entidade que tem consciência do nível do mestre ou guru e está em diálogo frequente ou constante comigo (o nível mahavatar) enquanto está próximo da criatividade "universal". O nível de criatividade do mahavatar em seu ambiente limita-se à criatividade localizada, naquilo que você chamaria de escala planetária. Quando minhas entidades atingem este nível de realização, são capazes de criar vastos universos, macro ou micro, por conta própria, intercalados com os universos criados por suas colegas e que são parte ou a totalidade delas mesmas. Fazem isso pois, segundo sua perspectiva, têm natureza, volume e capacidade universais. Seu próprio universo, criado por sua Entidade Fonte, é uma entidade por direito próprio e tem que levar em consideração sua própria evolução ao trabalhar com entidades menores, como vocês.

EU: Sim. Estou ciente disto. A Entidade Fonte do meu multiverso e eu conversamos a respeito em um de meus diálogos publicados em A história de Deus: uma história do começo de tudo. Chegamos até a falar da hierarquia do universo, galáxias, sistemas solares e sistemas planetários como função física e energética de sua criação.

SE6: Muito bom. Então, perceba que as entidades do meu ambiente não criam tais hierarquias em si, pois cada uma realiza esse papel dentro e fora dos limites umas das outras. Como já comentamos, elas são universais, tanto em natureza quanto em criação.

Senti que tínhamos esgotado o diálogo neste nível específico, e, como resultado, resolvi que era hora de seguir para o Nível 3. Contudo, no fundo da minha mente, senti que este caso particular de autorrealização e consciência estava estranhamente próximo da descrição que vários movimentos espirituais notáveis usam. Seria algo universal? resolvi fazer uma última pergunta enquanto estava na discussão sobre o Nível 2 e suas funções na caixa de ferramentas evolutiva.

EU: Tudo isso me soa muito familiar. É como se fosse um padrão ou uma constante.

SE6: Bem percebido. Assim como a necessidade de evoluir é um desejo constante dentro da estrutura de todas as criações da Origem, o mesmo acontece com a necessidade de estar numa posição inicial de suposta ignorância. O anseio por ser autoconsciente em posição e relacionamento com o absoluto e o criador, a Origem, é uma rota necessária e fundamental para acelerar a evolução. É por isso que sua Entidade Fonte criou seu universo físico nas frequências e dimensões em que ele está—para se experimentar a evolução acelerada através da realização do eu como uma progressão desde a ignorância, no ambiente mais severo possível.

Nível 3—Criatividade

EU: Como você mencionou anteriormente, o Nível 3 é o nível da criatividade. Para mim, isto soa como um nível muito importante, uma vez que a criatividade é um dos precursores da evolução.
SE6: Correto. Ser criativo é, possivelmente, a tarefa mais importante que uma entidade pode realizar. Através da criatividade, a entidade aprende a ser responsável pelas energias usadas no processo criativo e a maximizar as oportunidades experienciais que resultam naquilo que foi criado. Criatividade e a experiência associada à criatividade: a existência é isso.
EU: A criatividade é um assunto importante e pode nos levar a qualquer lugar, mas o que eu gostaria de entender é a área da criatividade na qual suas entidades se especializam e sua intenção no aprendizado e subsequente oportunidade evolutiva apresentada à entidade que existe e trabalha no Nível 3.
SE6: Há mais do que uma pergunta aí.
EU: Sim, há, não é?
SE6: Certo, vamos trabalhar com isso. O Nível 3 existe para proporcionar à entidade todas as ferramentas e energias necessárias para lhe permitir atingir seu potencial máximo como entidade criativa. Mas a criatividade não é apenas a elaboração de objetos ou de seres. É a criação de uma estrutura, de um mapa, na forma necessária para ilustrar as possibilidades de experiência, crescimento e subsequente evolução de uma entidade que se aproxima do ponto de oportunidade. É como uma placa de estrada posta no caminho, dizendo, "Venha aqui! Experimente isto! Evolua deste modo!"
EU: E como suas entidades fazem isso?

SE6: Elas têm a capacidade de se inflar dimensionalmente, criando sua própria interdimensionalidade enquanto estão num ambiente dimensional composto.

EU: E é assim que criam?

SE6: Exatamente. Veja, estão num ambiente restrito a uma única dimensão composta; isso é limitador. A oportunidade que se apresenta aqui é para que minhas entidades usem suas habilidades naturais para expandir o ambiente que lhes foi apresentado no Nível 3, elevando o número de dimensões de uma para tantas quantas quiserem. Isto exige que a entidade trabalhe com suas colegas num nível bastante fundamental e pessoal, de maneira a beneficiar a todas e não apenas a entidade que está criando a oportunidade para o novo ambiente dimensional. A imagem que você viu do lugar onde as entidades estão dimensionalmente dentro e fora umas das outras ilustra isto.

Quando uma entidade decide entrar num acordo com outra entidade para trabalharem dessa maneira, isso abre a possibilidade para que outras entidades experimentem, criem e evoluam numa série alternativa de dimensões daquelas oferecidas pelo Nível 3 e as dimensões e construções ambientais oferecidas por outras parcerias.

EU: Acabei de ver uma imagem interessante de grupos de entidades trabalhando juntas dessa maneira e depois formando uma oportunidade onde os grupos de entidades trabalham uns com os outros, criando um múltiplo superior à soma dessas dimensões já criadas por elas como grupos independentes. É quase como se cada grupo de dez entidades individuais criasse a oportunidade para dez novos ambientes dimensionais, que podem tanto estar na escala macro quanto micro. Então, ao somá-las não serão criadas 10+10 dimensões, e sim 10x10 dimensões—ou seja, 100.

SE6: Interessante, não é? Um cálculo similar é usado para identificar as dimensões utilizáveis disponíveis no seu próprio ambiente, mas estas foram criadas para vocês por sua Entidade Fonte. Neste exemplo, os dois grupos trabalham através de interações individuais das entidades, interações em grupos e interações entre grupos. Consegue ver as oportunidades evolutivas apresentadas aqui?

EU: Deixe-me ver. Uma das lições mais importantes que aprendi no meu próprio ambiente é a capacidade de trabalhar em conjunto com alguém ou alguma coisa sem a necessidade de receber algo em troca—dar de mim e/ou de meus serviços de bom grado e livremente a alguém, sempre e quando posso, num nível igual ao dele, não em competição com ele, mas compartilhando o que tenho e o que sei para que ele possa aprender, experimentar e evoluir. Se isto o leva a evoluir num ritmo mais rápido do que o meu, então eu terei prestado um verdadeiro serviço. Fazendo isto, trabalho com as pessoas num nível muito íntimo, o nível da verdadeira confiança e aceitação. Quando manifesto a sensação que recebo quando trabalho desta forma, elas querem experimentá-la pessoalmente. É maravilhoso. É isto que a humanidade deveria estar fazendo, e não tentando superar os demais. Ficar de fora desse estado competitivo é muito libertador.

SE6: Muito bom. Dito de forma simples, criar a oportunidade para trabalhar em conjunto para o bem individual e coletivo—com o bem representando experiência e evolução—é uma das coisas mais criativas que a entidade pode realizar, o que leva ao quarto nível. Devemos tratar do Nível 4 logo adiante.

Em cada uma das próprias entidades, acha-se a capacidade de criar universos inteiros em cada uma das dimensões que criam. Elas mesmas têm volume, energia e capacidade universal. Isto lhes permite níveis insondáveis de oportunidades criativas, o que, em associação dimensional, amplia as oportunidades. As interdependências necessárias para criar, sustentar e aprimorar os ambientes criados por essas oportunidades situam-se muito além das oportunidades disponíveis para vocês. Mesmo assim, numa escala micro, vocês têm oportunidades similares e coerentes com a forma como vocês foram criados e com as limitações dos ambientes nos quais foram destinados a existir. Parte do processo de criatividade permite que minhas entidades também criem ambientes e entidades menores, caso desejem fazê-lo. O nível de responsabilidade necessário para manter essas entidades e seus ambientes, trabalhando também em seu próprio nível de interação com os membros de seus grupos e membros entre grupos, é que lhes permite crescer e evoluir como Entidades Fontes em potencial por direito próprio.

EU: Espere aí. Você está sugerindo que seus níveis são uma escola para o surgimento de Entidades Fontes?
SE6: Achava que isso tinha ficado claro pelo tamanho delas e por aquilo que podem fazer.
EU: Certo, mas elas não são capazes de ser Entidades Fontes fora de seu ambiente, são?
SE6: Atualmente, não, mas serão.

Minha mente voltou para a conversa com a Entidade Fonte Cinco e o plano maior da Origem. Todas as entidades estão destinadas a se libertarem de suas Entidades Fontes, e nesse momento todas as coisas e todas as entidades vão ascender até um nível de evolução acima e além daquilo que atualmente é possível, mesmo para a Origem. Fiquei imaginando o que vai acontecer com essas Entidades Fontes menores, as Entidades Fontes da Entidade Fonte Seis.

SE6: Oh, elas estão destinadas a criar a estrutura para o próximo nível de evolução. Talvez você queira conversar com a Origem a respeito disso.

Pensei no trabalho ao qual me dedicarei depois destes diálogos, as comunicações que vão formar The Origin Speaks ("A Origem fala"). Será interessante. Arquivei mentalmente esse pensamento e passei para o nível seguinte do ambiente da Entidade Fonte Seis, o Nível 4.

Nível 4— Aprendendo a discriminar no processo criativo

EU: Então, passemos ao próximo nível. Em nossa conversa anterior sobre este assunto, vimos que o Nível 4 é o reconhecimento da criatividade para propósitos evolutivos. Para mim, isto parece autoexplicativo. Ser criativo não é o caminho que leva certamente à evolução?
SE6: Você poderia pensar que sim, mas definitivamente não é este o caso. Embora a criatividade seja um dos pré-requisitos para o progresso evolutivo, ela também pode resultar na redução do progresso evolutivo se for usada incorretamente.

EU: Não sabia que a criatividade no nível energético pudesse ser algo aquém de educativa e evolutiva.

SE6: No nível energético, sim; contudo, nos reinos físicos que vocês habitam, a criatividade pode ser usada para fins negativos. Ela também pode ser usada incorretamente nos níveis energéticos, resultando em involução. Vamos falar depois sobre isto. Neste momento, vou explicar as razões para a criação do Nível 4.

Como disse antes, o Nível 4 é para o RECONHECIMENTO da criatividade para propósitos evolutivos. É na palavra "reconhecimento" que vou me concentrar, pois é ela a razão para a existência do Nível 4. Qualquer entidade pode criar, e minhas entidades não são exceção a esta regra, pois a criatividade é uma das principais funções que nos foram dadas pela Origem. No Nível 3, minhas entidades aprenderam a criar e a usar a criação para produzir oportunidades para experiências. Descrevi isto em nosso diálogo anterior. O que tenho aqui é um nível no qual a entidade pode fazer experimentos com o nível e com a intenção de sua criatividade para compreender e reconhecer o que é de fato a criatividade, e como ela pode afetar suas oportunidades evolutivas e as entidades que participam de suas criações. Como disse antes, a criatividade não serve apenas para criar o que você chamaria de evolução positiva; ela também pode ser usada para a evolução negativa ou involução.

EU: Eu imaginava que a involução fosse praticamente impossível, pois tudo que experimentamos, tanto o que consideramos bom como mau, resulta em nossa evolução.

SE6: Não, a involução está bem viva, especialmente nos reinos energéticos inferiores. Sua própria raça a experimenta regularmente. Vocês a chamam de karma.

EU: Mas eu achava que karma e evolução fossem mutuamente exclusivos.

SE6: E são, mas na verdade o karma deveria ser classificado como evolução associada com aquela parte de vocês que está experimentando os níveis físicos. Ele só está relacionado com suas energias encarnadas. Ele também poderia ser chamado de "evolução menor", sendo a "evolução maior" aquilo que a totalidade de suas energias, VOCÊ, acumula.

EU: Você está sugerindo que a evolução se divide em várias partes, cada uma associada a energias específicas de certa parte de nós que está experimentando a existência separadamente do todo? Isso significaria que se nós, como seres energéticos, separássemos, digamos, doze segmentos de nossos "eus" para experimentar a existência e as diversas influências cujos ambientes essas existências têm a oferecer, então poderíamos ganhar doze pacotes separados de karma para lidar como parte de nossa evolução holística integral. Cada um desses pacotes separados de karma podem se somar a, ou remover, o progresso evolutivo, resultando num nível médio de progresso evolutivo.

SE6: Correto. A oportunidade apresentada às minhas entidades no Nível 4, portanto, é conseguirem experimentar o processo criativo e verem o que acontece quando a suposta criatividade negativa é usada no processo de criação.

EU: E quais experimentos elas realizam para promover o reconhecimento da possibilidade de que certos tipos de criatividade podem resultar em evolução versus involução?

SE6: Criam ambientes e entidades sem utilizar sua experiência prévia e o conhecimento e experiência comuns de sua memória coletiva. Lembre-se, elas podem já ter passado por esse nível antes, mas estarem tornando a experimentá-lo com a finalidade de "aprimorar a experiência". Para que cometam os erros criativos que lhes permitem aprender que certos tipos de evolução ocorrem com certos tipos de criatividade, elas precisam se valer de entidades dispostas de seu próprio nível evolutivo ou criarem um ambiente universal dentro de seus próprios limites energéticos para sustentar um grupo de entidades criadas especificamente para o experimento de criatividade. Então, criam aquilo que querem criar e permitem que as entidades que desejam se envolver no processo experimental sejam expostas à criação, seja um ambiente, entidade, energia ou intenção. Se você se lembrar de que o envolvimento nesse experimento só vai resultar num nível "positivo" de evolução para as entidades dispostas a participarem (elas estão protegidas dos possíveis efeitos da involução, embora experimentem os efeitos involutivos enquanto o experimento estiver em andamento), você chega a uma condição ganha-ganha na qual a entidade criadora pode criar o que deseja e registrar os resultados. As entidades participantes evoluem nesse processo, qualquer que seja a classificação evolutiva obtida com o resultado do experimento criativo. O resultado do experimento é o reconhecimento das ações do processo criativo que podem, poderiam ou poderão resultar na evolução das entidades participantes, caso participem das oportunidades oferecidas por aquilo que criaram. Além disso, há o reconhecimento das ações do processo criativo que podem, poderiam ou poderão resultar na involução das entidades participantes. Nos meus ambientes, e imagino que nos ambientes de sua própria Entidade Fonte também, a criatividade é uma arte que precisa ser refinada constantemente para apoiar a capacidade evolutiva máxima daquilo que está sendo criado, especialmente quando uma entidade oferece a criação para o uso de suas colegas.

Portanto, em suma, o Nível 4 é usado não apenas para reconhecimento da criatividade para fins evolutivos, como também para fins involutivos. A principal lição aqui é a discriminação dos processos criativos para reconhecer e selecionar apenas aqueles que resultam em oportunidades evolutivas positivas, mesmo quando a experiência potencial poderia ser classificada como negativa para a entidade experimentando a criação.

EU: *Se acertar na medida é uma forma de arte, como você conseguiu acertar?*

SE6: Não consegui antes e ainda não consegui. Este é o maior problema da criatividade. Níveis elevados de criatividade podem criar níveis elevados de evolução ou involução. O truque consiste em compreender as regras envolvendo a criatividade da criação que resulta apenas em oportunidades evolutivas positivas.

EU: *Espere aí. A criatividade é criada?*

SE6: Sim, até a criatividade é criada.

EU: *E como isso é feito?*

SE6: Com grande cuidado, meditação e consideração.

EU: *Você está brincando comigo.*

SE6: Nem um pouco. Veja, a entidade precisa experimentar a criatividade antes que se permita que seja uma criadora. A criatividade, portanto, é criada como função natural do crescimento da entidade. Com frequência, porém, é uma função manifestada pela entidade que controla plenamente seu poder, usando-o com amor e sabedoria. Depois que a entidade dominou seu poder e o usa com amor e sabedoria, sua função criativa está ativada. É uma espécie de amadurecimento.

Nível 5—Experiência evolutiva através da autonegação (Um prelúdio ao Nível 6)

EU: Vamos passar para o próximo e último nível que você criou—o nível da experiência evolutiva através da autonegação, o sacrifício supremo. Isto se parece com Cristo, de algum modo.
SE6: A referência é válida até certo ponto, embora, neste caso, não dependa do sacrifício supremo da autodestruição para a perpetuação dos demais.
EU: Eu achava que esse seria o sacrifício supremo.
SE6: E é, mas não é a base da função deste nível da existência. Se você observasse o texto que acabou de digitar, veria que é o uso da "autonegação" para criar a experiência evolutiva, e não a "autodestruição".
EU: Verdade. Então, é melhor deixar você prosseguir com a descrição do Nível 5.
SE6: Essa seria uma boa estratégia.
EU: Analisando a maneira como suas entidades do tamanho de "universos" existem e trabalham, eu imaginaria que elas preenchem bem os requisitos do Nível 5 por padrão.
SE6: Não inteiramente. Veja, enquanto estão trabalhando dentro e fora umas das outras nos outros níveis, estão se dirigindo para sua própria evolução através das experiências, de maneira normal e progressiva. No Nível 5, espera-se que sacrifiquem sua própria evolução pela melhoria de suas colegas.
EU: E como fazem isso?
SE6: Tornando-se um ambiente para a evolução das outras. Fazem isto sem o pré-requisito de precisarem evoluir. Ficam disponíveis apenas para o uso e a evolução das demais. Durante certo período (de tempo), renunciam a seus próprios planos evolutivos e desejo de evolução. Elas "prestam serviços" da maneira mais fundamental. Naturalmente, evoluem como resultado desse

sacrifício, mas não sabem que este "bônus evolutivo" existe porque não digo isto a elas. Nenhuma delas percebe que elas se beneficiam de sua presença e trabalho no Nível 5. Se soubessem, ele não atenderia ao seu propósito.

EU: Quantas entidades estão atualmente no Nível 5?

SE6: Uma.

EU: Uma, só uma?

SE6: Sim, só uma. Só pode haver uma.

EU: E por quê?

SE6: Simplesmente porque o Nível 5 é criado pela entidade que deseja trabalhar no Nível 5.

EU: Como? Você está dizendo que, na verdade, o Nível 5 não existe, que ele é um nível virtual?

SE6: É exatamente o que estou dizendo.

EU: Mas isso é um . . . enigma!

SE6: Vou me explicar melhor. Até hoje, só uma entidade chegou ao Nível 5.

EU: E não precisa me dizer—essa entidade é que está sustentando o Nível 5 atualmente.

SE6: Correto. O mais importante, porém, é que o Nível 5 é o nível que sustenta a existência de todos os outros níveis usados para a experiência e a evolução pessoal de minhas entidades.

EU: Isso está começando a ficar muito complicado. Tudo que envolve você e suas entidades é tão complicado assim?

SE6: Segundo sua perspectiva, você pode dizer que sim. Segundo a minha, não.

Tive a impressão de que a Entidade Fonte Seis estava sorrindo. Era um sorriso do tipo que o professor dá quando, finalmente, o aluno começa a compreender o que está sendo transmitido. Minha compreensão, porém, seria muito rudimentar e de alto nível, mas sem profundidade. Acho que eu não conseguiria me aprofundar mais no mecanismo disso tudo. Tudo que envolve a Entidade Fonte Seis parece extremamente complicado, com entidades universais dentro e fora umas das outras, criando ambientes umas para as outras para existirem e evoluírem por dentro e por fora. Agora, estavam me dizendo que essa natureza externa e interna ganhava continuidade pela criação do Nível 5 em função do desejo de uma entidade "desistir de si mesma" para o aperfeiçoamento das outras, sendo um ambiente para que TODAS existissem dentro e fora dele.

Agora, pude ver; as entidades podiam existir simultaneamente dentro de cada um dos níveis abaixo do 5. Sua percepção sobre estarem num desses níveis pela segunda, terceira ou mais vezes era ilimitada, e por isso elas eram capazes de se dedicar a experiências similares com a oportunidade de aprimorar suas ações e reações a situações que criaram ou nas quais se encontraram. Quando uma delas tem evolução suficiente, avança até o Nível 5—ou seja, não evolui mais continuando a usar as oportunidades oferecidas pelos Níveis 1 a 4. Até hoje, houve apenas uma entidade que evoluiu a ponto de conseguir atingir a oportunidade do Nível 5, e a Entidade Fonte Seis a avisou que ela faria isso pela evolução de suas colegas e que ela própria não teria benefícios. Sua escolha de progredir e de se tornar o Nível 5 baseou-se em altruísmo puro. É a marca de uma entidade capaz de ser um criador realmente benevolente. Alguém que não espera nada em troca exibe uma característica universalmente desejável e prepara-se para interromper sua própria evolução para o aprimoramento dos outros, numa verdadeira autonegação. O Nível 5 não é apenas o pico da evolução no ambiente da Entidade Fonte Seis, é o ambiente no qual todos os outros níveis existem, dentro de toda a sua dimensionalidade composta.

Era isso! Essa era a razão para a dimensionalidade composta. (Era uma coisa que estava me incomodando fazia tempo.) É que todo o ambiente foi criado por aquela entidade que havia atingido uma evolução suficiente para poder ser autônoma, para poder ser o Nível 5. Como resultado, sua dimensionalidade se restringia a aquilo que era, uma única entidade universal esticada até seu limite para permitir a existência dos outros níveis e das entidades dentro dela. De fato, o Nível 5 era o sacrifício supremo. Ao fazê-lo, a entidade quase se igualou em estatura à Entidade Fonte Seis.

SE6: Muito bem mesmo. Não sabia ao certo se você teria expansão suficiente para compreender isso.

EU: Estou pasmo, para dizer o mínimo. Devo dizer que não esperava por isso.

SE6: Você quase não percebeu.

EU: Sim, até agora estou recebendo imagens para me ajudar a entender melhor. A entidade que atingiu ou escolheu ser o Nível 5 expandiu-se numa escala imensa. Tenho a impressão de que ela precisou inchar até um tamanho similar ao seu, mas dentro de você. Vocês são como duas bolhas, uma dentro da outra, com a parte exterior da pele da bolha interna praticamente tocando o interior da bolha externa.
SE6: Correto. Restou muito pouco volume para mim, mas este é o meu sacrifício. Na verdade, eu sou o Nível 6.
EU: Ah não, não me confunda.
SE6: Eu preciso ser o próximo nível (seis) para alojar a entidade que é o Nível 5. É lógico.
EU: E você não tem nada de fora? Sei que você tem tudo por dentro.
SE6: A única coisa que está fora é a Origem. Posso chamá-la de Nível 7 . . . se você quiser.
EU: Não, a Origem está bem.
SE6: Agora, você conhece meu segredo. Pode ir. Você está liberado.

E a Entidade Fonte Seis se foi. Fiquei sentado diante do computador com a cabeça tão repleta de imagens (para apoiar estas poucas palavras de compreensão) que senti que também estava num nível diferente. Estava prestes a explodir. Estava atônito.

Sentei-me diante do computador e meditei por alguns momentos. Neste ponto, eu estava no meio de meus diálogos com os filhos da Origem, as Entidades Fontes. Entre estas, a nossa Entidade Fonte, totalizando seis até aquela data. Isso levou dezoito meses. Tenho de admitir que fiquei mais do que um pouco cansado. As energias usadas para criar e manter o vínculo com essas entidades eram sutis e de frequência extremamente alta, o que, para uma entidade de baixa frequência (em termos comparativos) como eu, era difícil de manter. Porém, na verdade o vínculo nunca chegou a diminuir. Enquanto precisei continuar nos diálogos, mantive algum tipo de contato com a Entidade Fonte em questão, o que incluiu vínculos concomitantes com a minha própria Entidade Fonte. Sinto que isto foi necessário, pois algumas das informações e conceitos canalizados costumam dar a impressão de que levaram alguns dias para chegar até o meu nível e serem traduzidos dentro do meu cérebro em algo que pode ser usado numa conversa. Estava pensando nisto quando minha própria Entidade Fonte teve algo a dizer.

SE: Você precisa manter a bola rolando.
EU: Como assim?
SE: É hora de trazer estas informações para o domínio público. Você deve continuar esses diálogos com a "Parte Dois" deste livro, sendo este a "Parte Um".
EU: Seria uma medida inteligente? Creio que as informações deveriam ficar reunidas num único livro.
SE: Esse livro seria grande demais e difícil demais de se ler de uma vez. As informações deste livro precisam ficar disponíveis agora porque é este o momento certo. Além disso, você precisa fazer uma pausa dessa concentração, usando energias que seu corpo físico não foi projetado para suportar.
EU: Isso explica por que estou ficando com juntas estalando e fazendo ruídos súbitos? Ou estou apenas ficando velho?
SE: Seu nível de frequência elevou-se como consequência desses diálogos, mas a velocidade da elevação foi rápida, não a mesma velocidade que você experimentaria normalmente, mesmo com a ascensão estando próxima como está.
EU: E como vou lidar com os diálogos que planejo manter exclusivamente com a Origem?
O: Isso não será um problema, pois você está ligado a mim através de sua Entidade Fonte. Eu criei a sua Entidade Fonte e a sua Entidade Fonte criou você. É uma linhagem clara. Quando você se comunica com as outras Entidades Fontes, você não está dentro da linhagem clara e por isso ficamos energeticamente defasados. Creio que isto lhe foi explicado de algum modo no começo destes diálogos.

Voltei ao manuscrito; de fato, isso me foi explicado por minha própria Entidade Fonte. Vi como foi que comecei o primeiro diálogo com a Entidade Fonte Dois. Senti-me como se estivesse esfregando minha cabeça na casca de um carvalho.

O: Você não terá dificuldade alguma para se comunicar comigo. Aliás, você chegou a ter alguma dificuldade para se comunicar comigo depois que estabeleceu o método de se elevar pelos níveis necessários para manter um vínculo claro e inquebrável?

EU: *Tem razão. Não tive.*

O: Certo. Agora, você precisa descansar um pouco e permitir que suas energias se reorganizem, pois as seis Entidades Fontes seguintes serão mais difíceis do que esta última.

EU: *Isso é o que eu chamo de estímulo.*

O: Como você sabe, cada uma das Entidades Fontes tem sua própria frequência de ressonância. Sua Entidade Fonte tem trabalhado com você nos bastidores para ajudar a manter sua conectividade e seus níveis de energia, e o mais importante, sua resiliência. As seis primeiras foram escolhidas pela proximidade de frequência com sua própria Entidade Fonte, cada Fonte tendo uma frequência de ressonância levemente mais distante que a anterior. As próximas seis serão progressivamente mais distantes.

EU: *Acabo de receber uma imagem minha com uma corda, como se fosse um mergulhador explorando sob o gelo.*

O: Essa é uma boa analogia. Quanto mais você se afasta de suas frequências familiares, mais estranho será o ambiente e mais difícil será voltar—daí a necessidade da corda para você sair lentamente, passando de Entidade Fonte em Entidade Fonte. Quando você terminar os diálogos do segundo livro, estará fora de seu território em termos frequenciais. Verdadeiramente terá ido aonde nenhum homem, ninguém da espécie humana, esteve antes.

EU: *Mal posso esperar!*

Posfácio

Dizer que este foi um trabalho difícil de canalizar seria um eufemismo (creio que usei a palavra "fácil" em algum lugar; que mentira!), mas acho que isso lhe confere validade. Em A história de Deus, senti-me confortável com as informações que foram canalizadas por meu intermédio. Isso me deu uma sensação familiar, sem dúvida devido ao fato de eu estar lidando apenas com entidades dentro do ambiente multiversal da minha Entidade Fonte e as frequências associadas. Como a Origem me explicou nos parágrafos finais do último capítulo, a linhagem criativa era pura em termos de energia e frequência. O diálogo entre a Origem, a Entidade Fonte e eu é mais fácil do que os diálogos com as outras Entidades Fontes, simplesmente porque elas têm uma linhagem energética e frequencial diferente da minha. Se eu tivesse sido criado pela Entidade Fonte Três, por exemplo, teria tido mais dificuldade para me comunicar com a Entidade Fonte Um e mais facilidade para me comunicar com a Entidade Fonte Três e assim por diante. Como resultado, estou ciente de que a próxima série de diálogos com as Entidades Fontes Sete até Doze será progressivamente mais difícil. Na verdade, no texto anterior foi-me dito mesmo que será assim.

No entanto, sinto que estou à altura do desafio e que os diálogos são uma parte necessária da percepção da humanidade que desperta sobre a possibilidade de haver, além de Deus (nossa Entidade Fonte), a realidade maior e bem real de que nosso Deus foi, de fato, criado pelo Deus maior, o Absoluto, a Origem.

Sei muito bem que as informações que recebi durante esses diálogos sequer arranharam a superfície de qualquer das Entidades Fontes, seus ambientes ou as criações que povoam seus ambientes, inclusive o nosso. Como resultado, recebo de bom grado quaisquer informações adicionais de outras fontes canalizadas que ajudem tanto a encontrar as peças individuais do quebra-cabeças que forma a imagem maior e a colocá-las no lugar certo. Por isso, percebo agora que um de meus principais papéis nesta fisicalidade é ajudar, de maneira modesta, a montar essa imagem e avançar nosso conhecimento coletivo, elevando-nos desta frequência que chamamos de universo físico e devolvendo-nos à nossa herança de existência, com frequência elevada, autorrealização, conhecimento total, criatividade e evolução.

Portanto, deixo esta mensagem aos leitores deste livro.

Se, no fundo, você acha que estes diálogos representam alguma parcela, por menor que seja, da realidade maior, então você agora sabe o que eu sei e está abrindo as portas da percepção/autorrealização e, portanto, está contribuindo pessoalmente para o esforço de elevar as frequências da Terra e do universo à sua volta.

O fato de você ler este livro ajuda a fazer isso.

E por isso, eu lhe agradeço.

Guy Steven Needler
16 de março de 2011

Glossário

Ainda por cima – Modo de dizer, "além disso".

Autorrealização – A função de estarmos em pleno comando de todas as nossas faculdades como seres energéticos enquanto ainda estamos no plano físico.

Big Bang – A atual teoria científica sobre como o universo foi criado. Em diálogos anteriores comigo, a Entidade Fonte disse que isso estava longe da verdade—que ela simplesmente criou nosso multiverso e, como tal, este "piscou" e passou a existir diretamente. Se isto criou um Big Bang (grande explosão), não ficou claro nos diálogos.

Buraco negro – Uma explicação espiritual é que o buraco negro é uma pequena galáxia cujo papel é coletar materiais de frequência mais baixa num só lugar—dentro de si mesma.

Chela – Discípulo de um mestre religioso.

Cimensão – Uma única dimensão que possui todas as faculdades das três primeiras dimensões que chamamos para cima, para baixo, para a esquerda, para a direita, para frente e para trás (3D), incluindo outras dimensões, sem que precisem ser representadas singularmente.

Coadunação – Estado coletivo no qual um grupo de coletivos se congrega como um coletivo maior.

Começar a todo vapor – Começar alguma coisa nova sem a necessidade de aprender antes.

Espaço fluido – Um espaço que muda constantemente de todas as formas, desde a dimensão até a frequência.

Expulsos – Entidades do ambiente da Entidade Fonte Dois que foram ejetados de uma associação ou grupo devido ao desempenho baixo ou ao fato de a entidade superar o grupo.

Grahoopnik – Raça de entidades que existem dentro dos corações das estrelas. Sua existência esgota a energia da estrela. Às vezes, sua saída faz com que a estrela se torne uma nova ou supernova.

Guru – Mestre religioso ou guia espiritual.

Loci/Locus – Centro ou fonte de um objeto ou entidade. Em termos matemáticos, é o conjunto de todos os pontos ou linhas que satisfazem determinado requerimento. No ambiente da Entidade Fonte Três, representa a localização da maioria das entidades envolvidas.

Magnetosfera – Região externa de um planeta, na qual o campo magnético do planeta controla o movimento de certas partículas carregadas.

Mahavatar – Uma encarnação divina. Entidade que encarna com a memória plena de seu eu energético, além de capacidades energéticas plenamente funcionais.

Mestre – Aquele que dominou o assunto de seus estudos.

Multipolous (no original) – Múltiplo de um múltiplo de um múltiplo. Por exemplo, X ao cubo elevado ao cubo elevado ao cubo (X3,3,3).

Nova – Estrela que aumenta de brilho vários milhares de vezes o seu brilho habitual, voltando gradualmente a este. Os estágios finais da vida dessa estrela.

Ondulação emendada da dimensão – Uma ou mais dimensões interligadas como resultado de sua proximidade ou superposição em alguma parte de suas áreas.

Partícula de luz – A partícula de luz é conhecida como fóton. O fóton viaja à velocidade de 300.000 km/s. Supõe-se que uma partícula teórica, o táquion, viaje mais depressa que a velocidade da luz.

Puro de coração – Falta de erro numa condição criativa.

SCUBA – Acrônimo em inglês para equipamento de mergulho autônomo.

Supernova - Estrela que explode por colapso gravitacional.

Suporte de mina – Postes que reforçam a estrutura do teto dentro de uma mina.

"Tijolo com espinhos" – Bloco de construção infantil semelhante aos blocos Lego, mas com pontas que se ligam.

Velocidade da luz – Atualmente, entende-se que a velocidade da luz é de 300.000 quilômetros por segundo.

Sobre o Autor

Foto de Anne Milner

Guy Needler MBA, MSc, CEng, MIET, MCMA estudou primeiro engenharia mecânica e depois tornou-se engenheiro eletricista e eletrônico licenciado. No entanto, ao longo desse treinamento terreno, sempre esteve consciente da realidade maior à sua volta, captando vislumbres dos mundos do espírito. Por conta disto, houve um período entre sua adolescência e seus vinte e poucos anos em que ele se dedicou aos textos espirituais da época, meditando intensamente. Mais tarde, ouviu de seus guias que deveria focalizar sua contribuição terrena e, nesse período, reduziu a intensidade do trabalho espiritual até trinta e tantos anos, quando tornou a se dedicar a seus papéis espirituais. Nos seis anos seguintes, obteve seu mestrado em Reiki e iniciou quatro anos de dedicação ao aprendizado de técnicas de terapia energética e vibracional com Helen Stott, uma aluna direta da Barbara Brennan School of Healing™, que incluiu uma atividade de desenvolvimento pessoal (inclusive psicoterapia) como pré-requisito de curso usando a metodologia Pathwork™ descrita por Susan Thesenga com metodologias adicionais de Donovan Thesenga, John e Eva Pierrakos. Seu treinamento e sua experiência em terapias de base energética levaram-no a se tornar membro da Associação de Medicina Complementar (MCMA).

Juntamente com suas habilidades de cura, suas associações espirituais incluem sua capacidade de canalizar informações do plano espiritual, incluindo-se aí o contato constante com outras entidades de nosso multiverso e seu eu superior e guias. Foi a canalização que resultou em A História de Deus, e produziu seus outros livros. Ele continua escrevendo outras obras.

Como método para manter-se enraizado, Guy pratica e ensina Aikido. Ele é Técnico Nacional do 6o Dan, com 36 anos de experiência e atualmente trabalha no emprego da energia espiritual dentro do lado físico da arte.

Guy está aberto a perguntas sobre a física espiritual e sobre quem e o que é Deus.

Website: www.guystevenneedler.com
Email: beyondthesource@btinternet.com

Other Books by Ozark Mountain Publishing, Inc.

Dolores Cannon
A Soul Remembers Hiroshima
Between Death and Life
Conversations with Nostradamus, Volume I, II, III
The Convoluted Universe -Book One, Two, Three, Four, Five
The Custodians
Five Lives Remembered
Horns of the Goddess
Jesus and the Essenes
Keepers of the Garden
Legacy from the Stars
The Legend of Starcrash
The Search for Hidden Sacred Knowledge
They Walked with Jesus
The Three Waves of Volunteers and the New Earth
A Very Special Friend
Aron Abrahamsen
Holiday in Heaven
James Ream Adams
Little Steps
Justine Alessi & M. E. McMillan
Rebirth of the Oracle
Kathryn Andries
Time: The Second Secret
Will Alexander
Call Me Jonah
Cat Baldwin
Divine Gifts of Healing
The Forgiveness Workshop
Penny Barron
The Oracle of UR
The Oracle of UR, Book 2
P.E. Berg & Amanda Hemmingsen
The Birthmark Scar
The Birthmark Scar, Book 2
Dan Bird
Finding Your Way in the Spiritual Age
Waking Up in the Spiritual Age
Julia Cannon
Soul Speak – The Language of Your Body
Jack Cauley
Journey for Life
Ronald Chapman
Seeing True
Jack Churchward
Lifting the Veil on the Lost Continent of Mu
The Stone Tablets of Mu

Carolyn Greer Daly
Opening to Fullness of Spirit
Patrick De Haan
The Alien Handbook
Paulinne Delcour-Min
Cosmic Crystals!
Divine Fire
Holly Ice
Spiritual Gold
Anthony DeNino
The Power of Giving and Gratitude
Joanne DiMaggio
Edgar Cayce and the Unfulfilled Destiny of Thomas Jefferson Reborn
Paul Fisher
Like a River to the Sea
Anita Holmes
Twidders
Aaron Hoopes
Reconnecting to the Earth
Edin Huskovic
God is a Woman
Patricia Irvine
In Light and In Shade
Kevin Killen
Ghosts and Me
Susan Linville
Blessings from Agnes
Donna Lynn
From Fear to Love
Curt Melliger
Heaven Here on Earth
Where the Weeds Grow
Henry Michaelson
And Jesus Said – A Conversation
Andy Myers
Not Your Average Angel Book
Holly Nadler
The Hobo Diaries
Guy Needler
The Anne Dialogues
Avoiding Karma
Beyond the Origin
Beyond the Source – Book 1, Book 2
The Curators
The History of God
The OM
The Origin Speaks
Kelly Nicholson
Ethel Marie

For more information about any of the above titles, soon to be released titles, or other items in our catalog, write, phone or visit our website:
PO Box 754, Huntsville, AR 72740|479-738-2348/800-935-0045|www.ozarkmt.com

Other Books by Ozark Mountain Publishing, Inc.

Psycho Spiritual Healing
James Nussbaumer
And Then I Knew My Abundance
Each of You
Living Your Dram, Not Someone Else's
The Master of Everything
Mastering Your Own Spiritual Freedom
Sherry O'Brian
Peaks and Valley's
Gabrielle Orr
Akashic Records: One True Love
Let Miracles Happen
Nick Osborne
A Ronin's Tale
Nikki Pattillo
Children of the Stars
A Golden Compass
Victoria Pendragon
Being In A Body
Sleep Magic
The Sleeping Phoenix
Alexander Quinn
Starseeds What's It All About
Debra Rayburn
Let's Get Natural with Herbs
Charmian Redwood
A New Earth Rising
Coming Home to Lemuria
David Rousseau
Beyond Our World, Book 1
Beyond Our World, Book 2
Richard Rowe
Exploring the Divine Library
Imagining the Unimaginable
Garnet Schulhauser
Dance of Eternal Rapture
Dance of Heavenly Bliss
Dancing Forever with Spirit
Dancing on a Stamp
Dancing with Angels in Heaven
Annie Stillwater Gray
The Dawn Book
Education of a Guardian Angel
Joys of a Guardian Angel

Work of a Guardian Angel
Manuella Stoerzer
Headless Chicken
Blair Styra
Don't Change the Channel
Who Catharted
Natalie Sudman
Application of Impossible Things
L.R. Sumpter
Judy's Story
The Old is New
We Are the Creators
Artur Tradevosyan
Croton
Croton II
Jim Thomas
Tales from the Trance
Jolene and Jason Tierney
A Quest of Transcendence
Paul Travers
Dancing with the Mountains
Nicholas Vesey
Living the Life-Force
Dennis Wheatley/ Maria Wheatley
The Essential Dowsing Guide
Maria Wheatley
Druidic Soul Star Astrology
Sherry Wilde
The Forgotten Promise
Lyn Willmott
A Small Book of Comfort
Beyond all Boundaries Book 1
Beyond all Boundaries Book 2
Beyond all Boundaries Book 3
D. Arthur Wilson
You Selfish Bastard
Stuart Wilson & Joanna Prentis
Atlantis and the New Consciousness
Beyond Limitations
The Essenes -Children of the Light
The Magdalene Version
Power of the Magdalene
Sally Wolf
Life of a Military Psychologist

For more information about any of the above titles, soon to be released titles, or other items in our catalog, write, phone or visit our website:
PO Box 754, Huntsville, AR 72740|479-738-2348/800-935-0045|www.ozarkmt.com